FiNALEonline.de

FiNALEonline.de ist die digitale Ergänzung zu deinem Arbeitsbuch. Hier findest du eine Vielzahl an Angeboten, die dich zusätzlich bei deiner Prüfungsvorbereitung in Englisch unterstützen!

Das Plus für deine Prüfungsvorbereitung:

→ Original-Prüfungsaufgaben mit Lösungen (bitte Code von S. 4 eingeben)

→ Tipps zur Prüfungsvorbereitung, die das Lernen erleichtern

→ Audiodateien zu den Hörverstehensübungen (bitte Code von S. 4 eingeben)

Online-Grundlagentraining

Du hast noch Lücken aus den vorherigen Schuljahren? Kein Problem! Das Online-Grundlagentraining auf FiNALEonline.de hilft dir dabei, wichtigen Lernstoff nachzuarbeiten und zu wiederholen. Und so funktioniert es:

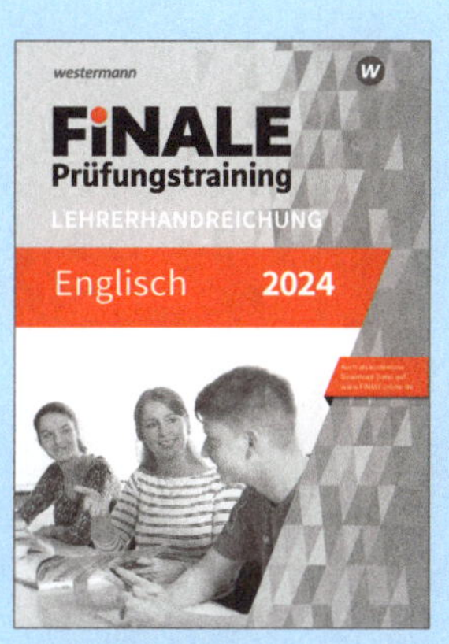

Für Lehrerinnen und Lehrer:
Die Lehrerhandreichung für den optimalen Einsatz der Arbeitsbücher im Unterricht zum kostenlosen Download!

Unser Tipp für Lehrerinnen und Lehrer: Nutzen Sie unsere vielfältigen Arbeitsblätter auch für Ihren Unterricht.

Für das Fach Englisch stehen dir über 100 Aufgaben zu prüfungsrelevanten Grundlagen in kurzen Trainingseinheiten zur Verfügung.

Du übst lieber auf Papier? Dann klicke auf „PDF" und drucke dir die gewünschte Trainingseinheit einfach aus.

FiNALE Grundlagentraining Englisch

Das FiNALE Grundlagentraining ist die ideale Ergänzung zu diesem Arbeitsbuch. Es bietet eine große Auswahl an Materialien, mit deren Hilfe du prüfungsrelevantes Grundlagenwissen auffrischen und aktiv trainieren kannst.

Folgende Inhalte werden in diesem Band behandelt:

- umfangreiche Übungen zur Grammatik
- Hörverstehen (mit Audiodateien)
- Leseverstehen
- Schreiben
- Sprachmittlung (Mediation)
- Sprechen
- die wichtigsten Operatoren im Fach Englisch

Zu jeder Trainingseinheit gibt es anschauliche Lösungen.

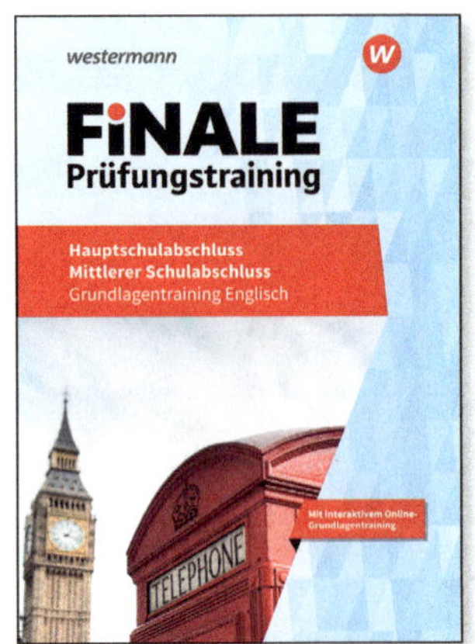

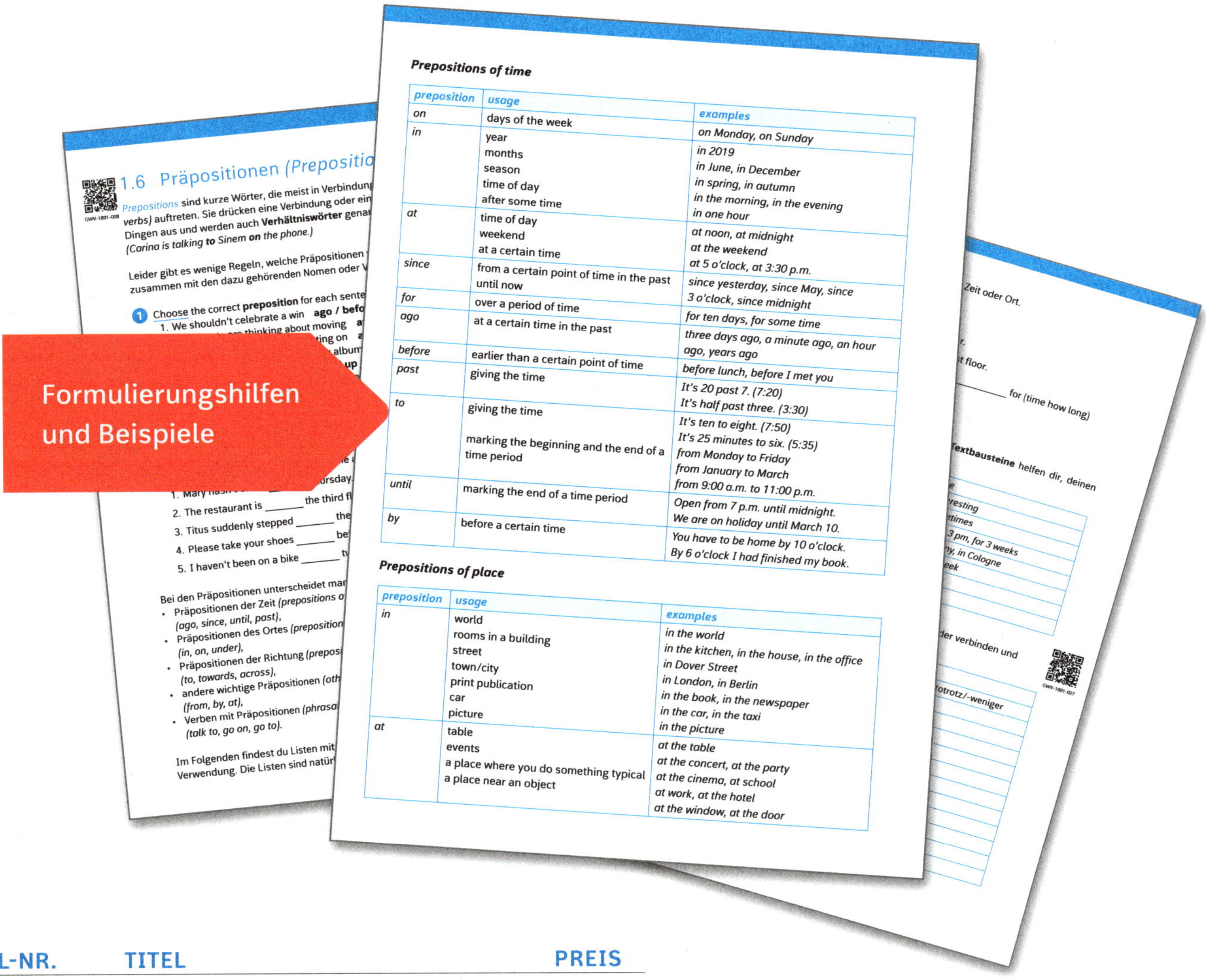

Prepositions of time

preposition	usage	examples
on	days of the week	on Monday, on Sunday
in	year months season time of day after some time	in 2019 in June, in December in spring, in autumn in the morning, in the evening in one hour
at	time of day weekend at a certain time	at noon, at midnight at the weekend at 5 o'clock, at 3:30 p.m.
since	from a certain point of time in the past until now	since yesterday, since May, since 3 o'clock, since midnight
for	over a period of time	for ten days, for some time
ago	at a certain time in the past	three days ago, a minute ago, an hour ago, years ago
before	earlier than a certain point of time	before lunch, before I met you
past	giving the time	It's 20 past 7. (7:20) It's half past three. (3:30)
to	giving the time marking the beginning and the end of a time period	It's ten to eight. (7:50) It's 25 minutes to six. (5:35) from Monday to Friday from January to March from 9:00 a.m. to 11:00 p.m.
until	marking the end of a time period	Open from 7 p.m. until midnight. We are on holiday until March 10.
by	before a certain time	You have to be home by 10 o'clock. By 6 o'clock I had finished my book.

Prepositions of place

preposition	usage	examples
in	world rooms in a building street town/city print publication car picture	in the world in the kitchen, in the house, in the office in Dover Street in London, in Berlin in the book, in the newspaper in the car, in the taxi in the picture
at	table events a place where you do something typical a place near an object	at the table at the concert, at the party at the cinema, at school at work, at the hotel at the window, at the door

BESTELL-NR.	TITEL	PREIS
978-3-7426-1891-7	FiNALE Grundlagentraining Englisch	13,95 €

FiNALE Grundlagentraining gibt es auch für die Fächer Deutsch und Mathematik.

FiNALE
Prüfungstraining

Nordrhein-Westfalen

**Erweiterter Erster Schulabschluss
(vormals Hauptschulabschluss)**
Englisch

2024

Liebe Schülerin, lieber Schüler,

sobald die Original-Prüfungsaufgaben zur Veröffentlichung frei-gegeben sind, können sie unter **www.finaleonline.de** zusammen mit ausführlichen Lösungen kostenlos heruntergela-den werden. Gib dazu einfach diesen Code ein:

EN6m1Wd

Einfach mal reinschauen: www.finaleonline.de

Autoren: Daniel Buck sowie Gerhard Adams und Detlef Kunz

Was erwartet dich in diesem Buch?

Du bist in der 10. Klasse und vor dir liegt die Zentrale Abschlussprüfung, das große „Finale".
Darauf will dich dieses Buch vorbereiten. Es gibt dir die Möglichkeit,
1. die Prüfungsaufgaben und die Anforderungen kennenzulernen,
2. deine sprachlichen Fähigkeiten zu verbessern (wie in der Zentralen Abschlussprüfung gefordert).

In **Teil A** erhältst du Hinweise, wie du dich gezielt und sinnvoll auf die Prüfung vorbereiten kannst.
In kleinen Schritten wirst du an die Aufgabentypen herangeführt und du siehst, welche Aufgaben es gibt.
Du bekommst Tipps und Hilfen dazu, wie du deinen Wortschatz erweitern kannst.

In **Teil B** findest du Prüfungsbeispiele. Sie sind genauso aufgebaut wie die Originalprüfungen.
- **Viele Lösungshilfen** gibt es am Anfang, damit du siehst, wie du die Aufgabe am besten lösen kannst und was du dabei beachten musst.
- **Wenig Lösungshilfen** gibt es später (und zum Schluss gar keine mehr), damit du selbstständiger arbeiten kannst und ein Gefühl für die Prüfung bekommst.
- Die Themen der Prüfungsbeispiele sind die gleichen wie die der Zentralen Abschlussprüfung.
- Die letzte Prüfung im Buch ist die Originalprüfung aus dem Jahr 2022.

Die Originalprüfung für 2023 bekommst du im Internet, sobald sie geschrieben und zur Veröffentlichung freigegeben ist. Sie ist dann zu finden unter www.finaleonline.de und kann mit diesem Codewort heruntergeladen werden: EN6m1Wd

Das graue Lösungsheft ist wichtig, weil du hier …
1. einsehen kannst, ob du die jeweilige Aufgabe oder den jeweiligen Test gut gelöst hast,
2. errechnen kannst, welche Note du für jeden einzelnen Test bekommen hättest.

Zur Erklärung:
- Übungen zum Hörverstehen (Audio-Dateien) erkennst du an diesem Symbol 🎧 .
  Gib auf www.finaleonline.de den Code: EN6m1Wd ein und höre die Audio-Dateien an.
- Manche Schreibaufgaben führen dich zu vorbereitenden Notizen – manche deiner Texte müssen also auf einem Extrablatt geschrieben werden.
- Achte auf deine Arbeitszeit, wenn du an Aufgaben im Teil B arbeitest (siehe Checkliste S. 45). So bekommst du ein Gefühl für die Zeit, die du in der Abschlussprüfung tatsächlich hast.

Hast du noch Lücken aus den letzten Schuljahren?
- Das FiNALE Grundlagentraining Englisch (ISBN 978-3-7426-1891-7) kann dir mit prüfungsrelevantem Grundlagenwissen zum Nachschlagen und Üben helfen.
- Unter www.finaleonline.de/grundlagentraining gibt es dazu ein kostenloses Online-Training mit vielen interaktiven Übungsaufgaben und Arbeitsblättern zum Ausdrucken.

Wir wünschen eine gute Vorbereitungszeit mit diesem Buch, damit du sicher in deine „finale" Prüfung gehst.

Viel Erfolg für die Prüfung.

Die Autoren

Was erwartet dich in diesem Buch?   5

Teil A   Vorbereitung auf die Abschlussprüfung   **8**
  1   Woher kommen die Aufgaben der „Zentralen Prüfung 10" (ZP10)?   **8**
  1.1   Was wird in der ZP 10 gefordert?   8
  1.2   Die Vorgaben   9
  1.3   Zum Aufbau der ZP 10   9
  1.4   Zum Aufbau dieses Buches   11
  2   Hörverstehen   **12**
  2.1   Was erwartet dich?   12
  2.2   Fünf Tipps zum Hörverstehen   12
  2.3   Aufgabentypen   13
  2.4   Warum gibt es die verschiedenen Aufgabenformate?   13
      Globales Verstehen
      Selektives Verstehen
      Detailliertes Verstehen
  3   Leseverstehen   **20**
  3.1   Frage dein Vorwissen ab   20
  3.2   Aufgabenstellung beachten   21
  4   Wortschatz   **25**
  4.1   Wortfelder erarbeiten   25
  4.2   Vorübung: *Making a list*   29
  4.3   Vorübung: *Finding opposites*   29
  4.4   *Gap filling*   30
  4.5   *Matching*   32
  5   Schreiben   **34**
  5.1   Vier Tipps zu den Inhaltsvorgaben   34
  5.2   Wie du sprachlich punkten kannst   35
  5.3   Versuch's doch mal: E-Mail   35
  5.4   Beispiel: Bewerbung   38
  6   Wie wird in der Prüfung bewertet?   **41**
  7   Bevor du anfängst   **44**

Teil B   Tests   **45**
Angeleiteter Test 1 – The World of Sport   **45**
  Vorbereitung   45
  Erster Prüfungsteil: Hörverstehen   47
    Aufgabe 1: Hörverstehen Teil 1   47
    Aufgabe 2: Hörverstehen Teil 2   48
  Zweiter Prüfungsteil: Leseverstehen – Wortschatz – Schreiben   49
    Aufgabe 3: Leseverstehen – *Anfield's Kop*   49
    Aufgabe 4: Wortschatz   52
  Aufgabe 5: Schreiben   54
Angeleiteter Test 2 – School and Free Time   **61**
  Vorbereitung   61
  Erster Prüfungsteil: Hörverstehen   63
    Aufgabe 1: Hörverstehen Teil 1   63
    Aufgabe 2: Hörverstehen Teil 2   64

Zweiter Prüfungsteil: Leseverstehen – Wortschatz – Schreiben   65
    Aufgabe 3: Leseverstehen – *Holidays*   65
    Aufgabe 4: Wortschatz – *School exchange*   69
    Aufgabe 5: Schreiben   70

Angeleiteter Test 3 – The Media   **77**
Vorbereitung   77
Erster Prüfungsteil: Hörverstehen   79
    Aufgabe 1: Hörverstehen Teil 1   79
    Aufgabe 2: Hörverstehen Teil 2   79
Zweiter Prüfungsteil: Leseverstehen – Wortschatz – Schreiben   81
    Aufgabe 3: Leseverstehen – *Teens in Great Britain and their phones*   81
    Aufgabe 4: Wortschatz– *Media use*   83
    Aufgabe 5: Schreiben   85

Test 4 – The World of Work   **90**
Vorbereitung   90
Erster Prüfungsteil: Hörverstehen   92
    Aufgabe 1: Hörverstehen Teil 1   92
    Aufgabe 2: Hörverstehen Teil 2   93
Zweiter Prüfungsteil: Leseverstehen – Wortschatz – Schreiben   94
    Aufgabe 3: Leseverstehen – *Work experience*   94
    Aufgabe 4: Wortschatz – *Thinking about a future job*   96
    Aufgabe 5: Schreiben   97

Test 5 – One Country, Different Cultures   **102**
Vorbereitung   102
Erster Prüfungsteil: Hörverstehen   104
    Aufgabe 1: Hörverstehen Teil 1   104
    Aufgabe 2: Hörverstehen Teil 2   106
Zweiter Prüfungsteil: Leseverstehen – Wortschatz – Schreiben   107
    Aufgabe 3: Leseverstehen – *Different cultures*   107
    Aufgabe 4: Wortschatz   109
    Aufgabe 5: Schreiben   110

Test 6 – Originalprüfung 2022   **116**
Erster Prüfungsteil: Hörverstehen   116
    Hörverstehen Teil 1   116
    Hörverstehen Teil 2   118
Zweiter Prüfungsteil: Leseverstehen – Wortschatz – Schreiben   119
    Leseverstehen – *Celebrating St Patrick's Day*   119
    Wortschatz Auswahl 1 –*Friendship*   122
    Schreiben Auswahl 1 – *A good friend*   124
    Wortschatz Auswahl 2 – *Giving a helping hand*   125
    Schreiben Auswahl 2 – *Helping hands*   127

Originalprüfung 2023

unter www.finaleonline.de

Quellenverzeichnis   128

Teil A Vorbereitung auf die Abschlussprüfung

1 Woher kommen die Aufgaben der „Zentralen Prüfung 10" (ZP10)?

Die „Zentrale Prüfung 10" (ZP 10) ist eigentlich wie eine Klassenarbeit und doch gibt es ein paar Unterschiede:
- Die ZP wird nicht von deinem Englischlehrer oder deiner Englischlehrerin erstellt, aber sie wird von ihm/ihr korrigiert.
- In Nordrhein-Westfalen bekommen also alle Schüler und Schülerinnen dieselbe Prüfung. Die Prüfung wird von Menschen erstellt, die deine Klasse und euren Englischunterricht gar nicht kennen.
- Es lohnt sich daher, allgemeine Aufgabenarten und Themen wie in diesem Heft zu bearbeiten und vorzubereiten. (Das Lernen von Vokabeln ist zusätzlich sehr wichtig!)
- In der ZP wird geprüft, wie gut du Englisch kannst – dafür gibt es bestimmte „Eckpunkte" oder Aufgabenschwierigkeiten, an denen das gemessen wird.

1.1 Was wird in der ZP 10 gefordert?

Vom Bundesand NRW ist festgeschrieben, was ein Schüler oder eine Schülerin der Klasse 10 im Fach Englisch eigentlich können müsste. Es handelt sich also um eine allgemeine Prüfung, in der getestet wird, wie gut du Englisch hören, lesen und schreiben kannst.

In der ZP 10 geht es also nicht um spezielles Wissen aus deinem Unterricht, sondern um allgemeine Fähigkeiten. Diese Fähigkeiten sind im so genannten „Kernlernplan NRW" in vier Kategorien unterteilt:

- Wie gut musst du Englisch hören können (Hörverstehen)?
- Wie gut musst du Englisch lesen können (Leseverstehen)?
- Wie gut musst du Englisch schreiben können?
- Wie gut musst du Englisch sprechen können?

Da es sich um eine schriftliche Prüfung handelt, wird die Kategorie „Sprechen" keine Rolle spielen. Es lohnt sich, zusätzlich zu diesem Heft täglich Vokabeln zu lernen, damit sich dein Wortschatz für die Kategorien „Lesen" und „Schreiben" verbessert und du die Aufgaben zum Wortschatz schneller und einfacher lösen kannst.

INFO Was überprüft die ZP 10?

Die ZP 10 überprüft, wie gut du
- **lesen**,
- **hören** und
- **schreiben** kannst.

1.2 Die Vorgaben

Die Themen für die Prüfung ändern sich über die Jahre. Für das Jahr 2024 wurde festgelegt, dass sich die Themen auf **Großbritannien** und **Neuseeland** beziehen.

In der Prüfung geht es um genau die Themen und Inhalte, die du in den vergangenen Jahren im Unterricht bearbeitet hast.

Du brauchst dir also keine großen Sorgen zu machen. Wenn du die Beispieltests durcharbeitest, wirst du sehen, dass du gar nicht so viel über Neuseeland und Großbritannien wissen musst.

TIPP zu den Themen

Die Themen beziehen sich auf **Großbritannien** und **Neuseeland**.

Es geht um typische Lehrbuchthemen:
– Freizeit, Freundschaft, Liebe
– Schule
– Gesellschaft (Umwelt, Menschenrechte, …)
– Berufswahl
– Medien

1.3 Zum Aufbau der ZP 10

Da es sehr schwierig wäre, alle Schülerinnen und Schüler des 10. Jahrgangs aller Schulen in NRW mündlich zu prüfen, hast du es deshalb „nur" mit den Bereichen Hörverstehen, Leseverstehen, Wortschatz und Schreiben zu tun.

INFO Zeitvorgaben für die Prüfung

Die Prüfung besteht aus zwei Teilen.

Im **ersten** Teil wird das Hörverstehen überprüft. Er ist 20 Minuten lang. Dazu gibt es zwei Aufgaben mit entsprechenden Hörtexten. Bevor du die Texte das erste Mal hörst, hast du Zeit, dir die Aufgabenstellung anzusehen. Du kannst jeden Text zweimal hören.

Der **zweite** Teil der Prüfung trägt die Überschrift „Leseverstehen – Wortschatz – Schreiben". Dafür hast du 70 Minuten Zeit. Du solltest dir die Zeit hier besonders gut einteilen, denn du musst mehrere Aufgabenbereiche abdecken.

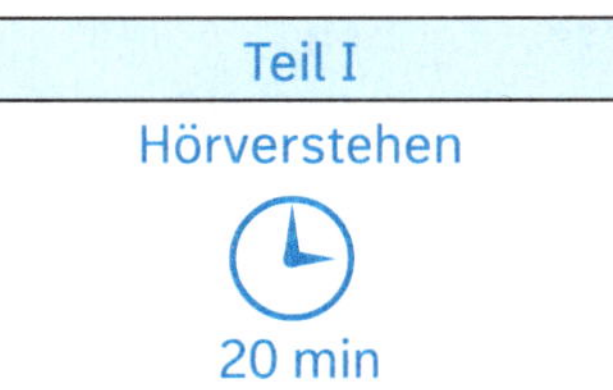

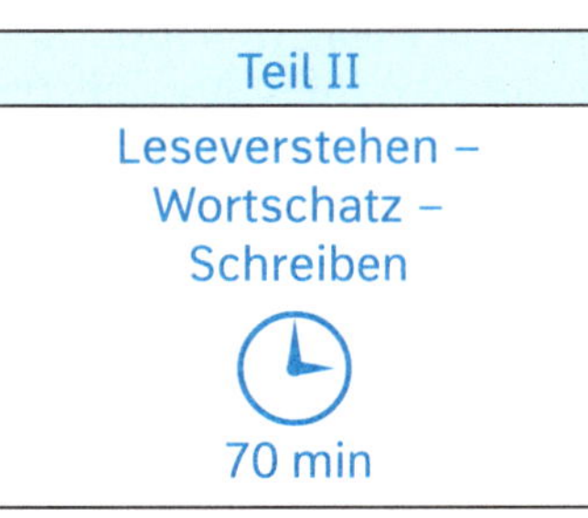

Wenn du etwas anderes als Schreibzeug zur Prüfung mitbringen sollst, z. B. eine Lektüre, sagt dein Englischlehrer oder deine -lehrerin dir das im Vorfeld. Dann solltest du unbedingt daran denken, diese mitzubringen.

Die beiden Prüfungsteile befassen sich also mit unterschiedlichen Schwerpunkten und haben damit auch unterschiedliche Arten von Aufgaben. Hier siehst du eine Übersicht, was dich erwarten kann:

Schwerpunkt	Mögliche Aufgabenformate
Beim **Hörverstehen** (2 Hörtexte) wird geprüft, wie gut du einem Hörtext allgemeine oder auch spezielle Informationen entnehmen kannst.	– *multiple choice* – *true or false* – *gap filling* – *matching* (Zuordnungen) – *short answers*
Die Aufgaben zu einem **Lesetext** prüfen, wie gut du den Text verstanden hast. Auch hier können allgemeine, aber auch spezielle Informationen abgefragt werden.	– *matching* (Zuordnungen) – *multiple choice* – *true or false* – *gap filling* – *short answers* (wo genau die Info im Text steht und dann *one piece of evidenc*e herausschreiben)
Die **Wortschatzaufgaben** (2 Aufgaben) überprüfen dein Vokabelwissen und stellen fest, wie gut du mit Wörtern und deren Bedeutung umgehen kannst. Z. B. müssen (vorgegebene) Vokabeln in Satzlücken gesetzt werden.	– *gap filling* (Lückentexte) – *matching* (Zuordnungen) – Synonyme (passende Vokabeln einsetzen)
Für die **Schreibaufgabe** brauchst du am meisten Zeit (ca. 30 Min.): Hier bekommst du a) einen <u>Ausgangstext</u>, den du zunächst lesen und verstehen musst. (Brief/Email/...) b) eine Schreibaufgabe, die sich auf den Ausgangstext bezieht. → Oft werden dir von einem englischsprachigen Schüler/Schülerin <u>Fragen zu einem Thema</u> gestellt und du wirst um eine <u>Antwort</u> gebeten.	Gefordert ist von dir ein zusammenhängender Text, der sich auf die Aufgabe bezieht und die Fragen/Probleme des Ausgangstextes angeht. Hierzu findest du Hilfe in Kapitel A 5 „Schreiben" ab S. 34.

Zur Überprüfung des Hör- und Leseverstehens werden in der Regel folgende Arten von Aufgaben verwendet:
– *multiple choice*
– *true or false*
– *gap filling*
– *matching*
– *short answers*

Zur Überprüfung deines Wortschatzes und deiner Schreibfähigkeit werden dir in der Regel drei Aufgaben gestellt:
– zwei Wortschatzaufgaben
– eine Schreibaufgabe, die aus mehreren Teilen bestehen kann.

1.4 Zum Aufbau dieses Buches

Das Buch ist so aufgebaut, dass du **in Teil A Übungen** zu den vier Hauptbestandteilen deiner Prüfung findest (Hörverstehen, Leseverstehen, Wortschatz und Schreiben).
Außerdem erfährst du, wie die Prüfung bewertet wird und wie du dir am besten die Zeit einteilst.

In Teil B gibt es dann **fünf Prüfungen,** die genauso aufgebaut sind wie die ZP 10.

Das Lösungsheft
Das graue Lösungsheft gibt dir die Möglichkeit, deine Lösungen zu überprüfen.
Für Teil A gehst du dafür auf die Seiten 2 bis 5 und suchst nach deiner bearbeiteten Aufgabe (Seitenzahl oder Überschrift). **Für Teil B** benötigst du die Lösungsseiten 6 bis 19. Hier suchst du am besten nach der Prüfung (Thema oder Seitenzahl), in der du Aufgaben bearbeitest hast.

TIPP

Vorsicht beim Umgang mit dem Lösungsheft:
Während es bei **Teil A** sinnvoll ist, jede bearbeitete Aufgabe mit den Lösungen direkt abzugleichen, ist es in **Teil B** besser abzuwarten, bis du mit dem jeweiligen Prüfungsteil fertig bist.
Am besten ist es, wenn du die Lösungen erst dann kontrollierst, wenn du den ganzen Test bearbeitet hast. Es geht darum, dich auf die Aufgaben und die vorgegebene Zeit der Prüfung vorzubereiten. Lösungen vorher nachzuschauen und somit zu schummeln, ist also möglich, wird dir aber leider nicht dabei helfen, gut durch die Prüfung zu kommen.

Wie arbeite ich mit Teil A?
In Teil A kannst du intensiv an Aufgaben arbeiten und dir die verschiedenen Arten von Aufgaben ansehen. Hierzu gibt es auch Lösungshilfen und Lernstrategien, wie du am besten die richtige Lösung erarbeiten kannst.

In Teil B folgen dann Testaufgaben, in denen du deine Fähigkeiten erproben und üben wirst.
Auch hier gibt es anfangs einige Tipps (s. Seite 44)!

Am Ende steht die Originalprüfung aus dem Jahr 2022. Wenn du dieses Buch gründlich durchgearbeitet hast, wird das kein Problem sein – und du bist fit für die ZP 10.

2 Hörverstehen

2.1 Was erwartet dich?

Aufgaben zum Hörverstehen sind nie leicht, weil du die Sprecher und Sprecherinnen nicht kennst und dir das Thema unklar ist. ABER: Alle Sprecher sind Muttersprachler und bemühen sich so zu sprechen, dass Tempo und Aussprache für euch passend sind.

2.2 Fünf Tipps zum Hörverstehen

Jeder Hörtext wird zweimal abgespielt. Es gibt ein paar Tipps, die es für dich einfacher machen können!

TIPP Hörverstehen

1. Worum wird es im Hörtext wahrscheinlich gehen?
→ Vor dem ersten Hören bekommst du etwas Zeit. Lies die Überschrift und die Aufgabe genau durch. Oft kannst du dadurch schon das Thema des Hörtextes erkennen.

2. Was musst du bearbeiten?
→ Achte auf die <u>Aufgabenstellung</u> und unterstreiche, was genau du bearbeiten sollst.
Lies dir auch die einzelnen Fragen zum Hörtext durch und unterstreiche Schlüsselwörter (Namen, Orte, Besonderheiten, …) – auf die kannst du dann beim Hören genau achten.

3. Ich verstehe nicht alles!
→ Das ist nicht schlimm und wird anderen Schülerinnen und Schülern genauso gehen! Konzentriere dich auf die von dir unterstrichenen <u>Schlüsselwörter</u>.

4. Ich kann nicht jede Aufgabe beantworten!
→ Lass die Aufgabe aus und mache bei der nächsten weiter. In der Pause vor dem zweiten Hören hast du Zeit, nochmal alles durchzugehen. Beim zweiten Hören kannst du den <u>Schwerpunkt</u> auf noch ungelöste Aufgaben legen und bereits beantwortete Aufgaben Kontrolle lesen.

5. Gib immer eine Antwort!
→ Auch wenn du die richtige Lösung nicht sicher weißt – lass niemals eine Aufgabe aus.
Nutze deinen Menschenverstand und spiele im Notfall „Bingo". Alles ist besser als ein leeres Antwortfeld. Es gibt keine Abzüge für falsche Antworten.

Hier ist eine kurze Zusammenfassung:

CHECKLISTE zum Hörverstehen

1. Was ist das Thema?
2. Was ist deine Aufgabe?
3. Was sind die Schlüsselwörter?
4. Schwerpunkt und Kontrolle
5. Verschenke keine Punkte!

TIPP Fehler korrigieren

Vielleicht ist es besser, wenn du zuerst einen Bleistift benutzt. Dann ist es einfacher, Fehler zu berichtigen. Wenn du fertig bist, kannst du deine Antworten schnell mit dem Füller nachschreiben.

2.3 Aufgabentypen

Beim Hörverstehen gibt es verschiedene Aufgaben:

Aufgabenart	Aufgabenbeschreibung	Auftrag an dich
multiple choice	Tick the correct box for each task.	Kreuze von mehreren Lösungen die richtige an.
true or false	Tick the correct box: true or false?	Entscheide zwischen richtig und falsch.
short answer	Answer the questions in a few words.	Beantworte die Frage mit wenigen Worten.
matching	Choose the right heading for each paragraph. *Or:* Find the right statement for each person.	Ordne Informationen richtig zu: • Überschriften zu Textabschnitten • Aussagen zu Personen
gap filling	Fill in the missing information. *Or:* Complete the statements.	Fülle die Lücken aus: • fehlende Informationen einsetzen • Aussagen vervollständigen

Insgesamt gilt: Ruhe bewahren und genau lesen, bevor du etwas einträgst. Manche Antworten klingen ähnlich und sollen verwirren. Nutze deine Zeit vor und zwischen dem Hören.

2.4 Warum gibt es die verschiedenen Aufgabenformate?

Jeder Hörtext kann auf verschiedene Inhalte und Informationen untersucht werden.

Dabei kann es in der Aufgabe um …
- die allgemeine Situation gehen.
  Z. B.: Eine Frau steht am Bahnhof und wartet auf ihren Zug **(globales Hörverstehen)**
  → Du verstehst den Hauptgedanken eines Hörtextes. Oft werden hier *matching*-Aufgaben auf dich zukommen (Lies also die Aussagen in der Aufgabe gut durch; Beispiel S. 15)

- eine besondere Information gehen.
  Z. B.: Die genaue Abfahrtszeit ihres Zuges wird am Bahnhof angesagt **(selektives Hörverstehen)**
  → Du achtest auf besonders gefragte Informationen. Oft wirst du in eine unübersichtliche Situation versetzt (z. B.: Wetterbericht). Viele Informationen werden genannt, du sollst aber beispielsweise nur herausfinden, ob es ein Unwetter gegeben hat und der Zug deswegen spät ankommt; Beispiel S. 16)

- verschiedene Details der Situation gehen.
  Z. B.: Die Frau stand vorher am falschen Gleis und hätte sich deswegen fast verspätet **(detailliertes Hörverstehen)**
  → Du achtest auf Details für die Lösung der Aufgabe. Hierfür musst du dich gut konzentrieren, da diese Aufgabe anstrengend sein kann. Oft werden hier Aufgaben mit *gap filling, multiple choice* oder *short answers* genutzt (Beispiel S. 18).

TIPP three steps

Step 1:
Lies die Aufgabenstellung genau, um die Situation zu verstehen.

Step 2:
Mach dir klar, nach welcher Information im Hörtext du suchen sollst.

Step 3:
Überleg dir, welche Begriffe du im Zusammenhang mit dieser Information erwartest.

1. Globales Verstehen

Bei dieser Form des Hörverstehens sollst du zeigen, dass du den Hauptgedanken eines Hörtextes oder einzelner Aussagen erfassen kannst. Auf Details kommt es gar nicht so sehr an.

Oft musst du hier eine Zuordnungsaufgabe lösen. Du musst also Sätze oder Aussagen den Texten zuordnen. Du solltest dir die Aussagen genau anschauen, denn sie geben dir Hinweise zu den verschiedenen Situationen.

INFO globales Verstehen

Hier geht es ums grobe Verständnis, nicht um Details!

Beispiel 1:

 **Track 1**

News

You are going to hear six news items.

- Read the news headlines.

a) Horse jumping show in Clifton Park – tickets available soon
b) Tomorrow's weather will be mixed
c) Four injured in an explosion at steel works
d) Start of 'Round Britain Race' with 70 boats
e) Free Jamaica trip leads to run on apple juice
f) Scientists say: Seven hours sleep for adults

TIPP

Denk daran: Du musst hier keine Einzelheiten verstehen, sondern nur die Texte zuordnen!

Wenn du die Überschriften gelesen hast, musst du erst einmal überlegen, worum es gehen könnte. Was für eine Art Information erwartest du? Das ist meistens nicht schwer.

Außerdem suchst du nach <u>Schlüsselwörtern</u>. Diese solltest du markieren. Erwarte nicht unbedingt, dass genau diese Wörter auftauchen. Manchmal werden andere Wörter verwendet, die sinngemäß das Gleiche bedeuten.

TIPP

Markiere Schlüsselwörter!

Nun probiere es einmal aus:

a) Es geht also um ein Event, bei dem Pferdesport für Zuschauer zu sehen ist.

Schlüsselwörter: horse jumping, Clifton Park, tickets

b)

Schlüsselwörter:

c)

Schlüsselwörter:

d)

Schlüsselwörter: ____

____

e) ____

Schlüsselwörter: ____

f) ____

Schlüsselwörter: ____

LÖSUNGSHILFEN

b) Das Wetter, also der Wetterbericht, scheint nicht eindeutig gut oder schlecht, sondern ein bisschen von allem zu sein
Schlüsselwörter: *weather, mixed*

c) Vier Personen sind bei einem Arbeitsunfall verletzt worden.
Schlüsselwörter: *injured, explosion, steel works*

d) Ein Bootsrennen ist gestartet worden.
Schlüsselwörter: *race, boats*

e) Viele Menschen kaufen Apfelsaft, weil dabei ein freier Jamaikaurlaub gewonnen werden kann.
Schlüsselwörter: *free trip, (a) run on, apple juice*

f) Sieben Stunden Schlaf sind genug laut neuer wissenschaftlicher Erkenntnisse. Dabei wird besonders der Bezug auf Erwachsene genommen.
Schlüsselwörter: *scientists, seven hours sleep, adults*

Lagst du richtig mit deinen Vermutungen?
Nun versuche dich an der eigentlichen Höraufgabe. Hier ist es eine **matching-Aufgabe.**

- Find the correct headline for each news item.
- Put the headlines in the right order (numbers 1–6)

a) Horse jumping show in Clifton Park –
tickets available soon   ____________________________________

b) Tomorrow's weather will be a mixed bag   ____________________________________

c) Four injured in an explosion at steel work   1 __________________________________

d) Start of 'Round Britain Race' with 70 boats   ____________________________________

e) Free Jamaica trip leads to run on apple juice   ____________________________________

f) Bristol scientists say: Seven hours sleep for adults   ____________________________________

Es könnte sich jedoch auch um eine **Multiple-Choice-Aufgabe** handeln. Die würde bei demselben Hörtext etwa so aussehen:

- Read the statements.
- Decide which of them is true and tick the correct box.
- Tick only **one** box.

1. Seven hours of sleep keeps adults more healthy and …
a) teenagers need up to nine hours.
b) teenagers need less than adults.
c) teenagers also need seven hours.

2. Tomorrow's weather will be …
a) stormy and rainy.
b) rainy and sunny.
c) very warm and sunny.

2. Selektives Verstehen

Meist wirst du in eine Situation versetzt, in der du eine Ansage (etwa auf Bahnhöfen, Flughäfen, in Kaufhäusern) oder auch einen Wetterbericht hörst. Darin sind mehrere Informationen enthalten.

Wenn du die Aufgabenstellung genau liest, weißt du auch genau, um welche Situation es sich handelt und nach welchen Informationen du in dem Hörtext suchen sollst. Achte auf die Schlüsselwörter, denn sie können dir bei der Lösung der Aufgabe helfen.

Versuch dies einmal an folgendem Beispiel:

Beispiel 2:  **Track 2**

A weather forecast

You are on holiday in eastern Ireland. There will be a barbecue tonight if the weather is good. You are going to hear a weather forecast.

Step 1: Was weißt du über die Situation?

eastern Ireland, barbecue tonight, weather forecast

Step 2: Was sollst du herausfinden?

Will the weather be good enough for a barbecue?

Step 3: Auf welche Begriffe musst du achten?

Ireland, east, sunny, dry, cloudy, wet, rain, showers, wind, temperature

Wenn du dir jetzt das Hörbeispiel anhörst, wird es dir nicht schwerfallen, die folgende Aufgabe zu bewältigen:

• Decide which statement is correct. Tick only **one** box.

What the weather will be like:
a) It will be mainly dry with patchy clouds in Ireland. ☐
b) There will be some rain and later broken clouds in the east of Ireland. ☐
c) It will be sunny in Ireland. ☐

Mit dem nächsten Beispiel kannst du dies jetzt selbst versuchen.

Beispiel 3:

 **Track 3**

Travelling by train

You want to travel to Ramsgate by train. Your train should leave at 17:52.
Listen to the following announcement to find out about your journey.

Step 1: Wo bist du und was weißt du?

____

Step 2: Was sollst du herausfinden?

____

Step 3: Auf welche Begriffe musst du achten?

____

- Tick the correct answer.

The train leaves from platform …
a) 2.   ☐
b) 3.   ☐
c) 1.   ☐

How will you get to Ramsgate?
a) The train goes directly to Ramsgate.   ☐
b) The train is late and you will miss your connecting train from Margate to Ramsgate. You will have to wait for the next train.   ☐
c) There is no train from Margate to Ramsgate. You will have to take the bus.   ☐

LÖSUNGSHILFEN

Step 1: at the station, train to Ramsgate, leaves at 17:52
Step 2: Which platform?
Direct train or change?
Train late?
Bus or train from Margate to Ramsgate?
Step 3: Ramsgate, platform number, direct, change, late, on time, Margate, train, bus

Lass dich nicht durch die vielen Details verwirren. Du weißt ja aus der Aufgabenstellung,
auf welche Wörter (z. B. Ortsnamen) du dich konzentrieren musst: Ramsgate und Margate.

Du siehst: Wenn du die **three steps** von Seite 13 anwendest, fällt die Lösung der eigentlichen Aufgabe gar
nicht mehr so schwer.

3. Detailliertes Verstehen

Hier sollst du Detailinformationen erkennen. Der Text ist in der Regel ziemlich lang. Deshalb musst du dich hier sehr lange konzentrieren. Das ist wahrscheinlich die schwierigste Höraufgabe. In der Prüfung wird der Hörtext deshalb manchmal in zwei Abschnitte eingeteilt.

Die Fragen werden immer in der Reihenfolge gestellt, wie die Informationen im Text vorkommen.

Als Aufgabentypen musst du hier *gap filling*, Multiple-Choice-Aufgaben oder *short answers*-Aufgaben erwarten. Vielleicht sind sie auch alle dabei – wie in der Beispielaufgabe.

Gerade bei dieser langen Höraufgabe ist es wichtig, dass du Ruhe bewahrst und nicht in Panik gerätst. Denk daran: Jeder Punkt zählt! Wenn du also eine Frage nicht beantworten kannst, höre weiter und konzentriere dich auf die anderen Fragen.

Die **three steps** von Seite 13 gelten natürlich auch hier. Sieh dir also die Fragen genau an. Überlege, was du schon weißt, welche Art von Informationen und welche Vokabeln du erwartest. Markiere auch Schlüsselwörter.

Beispiel 4:

 **Track 4**

Climate change

You are going to hear a short text about "climate change". New Zealand can already see negative results of climate change on their coasts.

- First read the questions.
- Then listen to the text.
- There is only one correct answer per question.

1. Climate change is a worrying thing for our planet.
a) true ☐
b) false ☐

2. Many scientists say it is ____ .

3. Climate change is …
a) not often in the news. ☐
b) changing the earth forever. ☐
c) something people like to talk about. ☐

4. Because of climate change …
a) many species are returning. ☐
b) the Antarctic has become a tourist attraction. ☐
c) the Arctic and Antarctic ice caps are melting. ☐

5. Our weather is changing so places are getting _______________________________ .

6. We need to be active so that climate change does not _________________________________ us.

7. Greenhouse gases …
a) cool the planet. ☐
b) change the climate. ☐
c) are not important. ☐

8. Simple things can help.
a) true ☐
b) false ☐

LÖSUNGSHILFEN

Was du erwarten kannst:
1. Good or bad?
2. Dangerous or harmless?
3. Only important now or also in future?
4. Helping or harming nature?
5. temperature change
6. a negative word or expression, something bad
7. Think about it: Would you like to live in a greenhouse?
8. Think of something easy to help the climate.

Nun versuche, die Aufgaben zu lösen. Sicher fallen sie dir nicht so schwer!

3 Leseverstehen

An Leseaufgaben gehst du ähnlich heran wie an Aufgaben zum Hörverstehen. Allerdings hast du hier zwei echte Vorteile: Erstens hast du den Text vor dir und kannst ihn mehrmals durchlesen, und zweitens bist du den Umgang mit Lesetexten gewohnt, denn das hast du schon oft im Unterricht geübt.

3.1 Frage dein Vorwissen ab

Stell dir vor, dir liegt ein Text vor mit dem Titel „Boomerang". Du siehst zum Beispiel, dass es sich um einen Text aus Wikipedia handelt. (Die Quelle findet man meistens unter dem Text.) Du weißt sofort, worum es in dem Artikel geht. Du erwartest eine Beschreibung.

Du kannst nun überlegen, was du alles schon über einen Bumerang weißt. Es fällt dir dann beim Lesen leichter, das meiste in der Fremdsprache zu verstehen.

Als nächsten Schritt kannst du überlegen, welche englischen Begriffe du in diesem Zusammenhang schon kennst oder in dem Text erwartest, z. B. *wood, stick, weapon, throw, come back*.
Dein Vorwissen und deine Überlegungen können dir helfen, einen Text besser zu erschließen.

Oft sind die Texte zum Leseverstehen nicht ganz einfach. Es gibt sicher Wörter, die du nicht kennst. Lass dich dadurch nicht verunsichern.

Nun versuche es einmal selbst:
Stelle dir vor, du bekommst als Prüfungsaufgabe einen Text mit dem Titel „Farmer".

1. Worum geht es deiner Ansicht nach in dem Text?

    ____

    ____

2. Was weißt du schon zu diesem Thema?
    Notiere in Stichworten.

    ____

    ____

    ____

3. Welche englischen Wörter könnten im Text vorkommen?
    Notiere sie.

    ____

    ____

Vor dem Lesen kannst du dich auf den Text vorbereiten:
1. Lies die Überschrift und alle weiteren Angaben zum Text. Worum geht es?
2. Wenn dir das Thema klar ist, überlege, was du darüber schon weißt.
3. Überlege dir, welche Wörter in diesem Text vorkommen könnten.

Das, was du hier zum Training notierst, musst du so automatisieren, dass es in Zukunft auch ohne Aufschreiben in deinem Kopf abläuft.

Farmer

1.
A farmer works in agriculture, growing foodstuffs like corn or potatoes or
raising livestock like sheep or cattle. Farmers usually do a combination of
these activities.

2.
A farmer might own the farmland or rent it from a landowner. She or he
promotes or improves the growth of plants/crops, etc. or raises animals such
as livestock or fish.

3.
Many farmers only raise specific animals. Those who raise livestock such as
cattle, sheep, goats, or horses are known as ranchers in the USA. The term
dairy farmer is used for those who work primarily in milk production.
A poultry farmer is someone who concentrates on raising chickens, turkeys
or ducks.

4.
You don't necessarily need a university degree or even very good school results
to be a farmer, but you must be able to read, write and calculate and you must
know a lot about crops, plants and animals. You need to be able to organize
and manage the farm, plant and harvest crops, and take care of animals,
providing them with food and keeping the farm buildings and equipment in
good condition.

4. Überprüfe, ob du bei Frage 1 auf Seite 20 richtig vermutet hast.

3.2 Aufgabenstellung beachten

Lies die Aufgabenstellung immer genau durch und finde heraus,
worauf du achten musst. Lies dann den Text und achte dabei nur
auf die Inhalte, die für deine Aufgaben wichtig sind.
Dafür musst du weder den ganzen Text verstanden haben noch
jedes Wort daraus kennen!
Folgende Aufgaben können hier vorkommen:

> **TIPP** Belohne dich!
> Setz dir ein + oder einen ☺, wenn du
> die Aufgabenstellung gelesen und
> verstanden hast.

Aufgabenart	Aufgabenbeschreibung	Auftrag an dich
multiple choice	Tick the correct box for each task.	Kreuze von mehreren Lösungen die richtige an.
true or false	Tick the correct box: true or false?	Entscheide zwischen richtig und falsch.
because the text says …		Dies ist oft eine Ergänzung zu *multiple choice* oder *true or false*. Du must im Text Beweise finden und hier aufschreiben.

short answer	Answer the questions in a few words.	Beantworte die Frage mit wenigen Worten.
matching	Choose the right heading for each paragraph. *Or:* Find the right statement for each person.	Ordne Informationen richtig zu: • Überschriften zu Textabschnitten • Aussagen zu Personen
gap filling	Fill in the missing information. *Or:* Complete the statements.	Fülle die Lücken aus: • fehlende Informationen einsetzen • Aussagen vervollständigen

Viele Aufgabentypen kennst du schon vom Hörverstehen.

Versuche nun, die folgende **matching**-Aufgabe zum Text „Farmer" zu lösen.

Headings

What is a farmer?	
Why become a farmer?	
What is the job of a farmer?	
Types of farmers	
Qualifications of a farmer	
The future of farming	

TIPP Schritt für Schritt

• Fang mit den Überschriften an, bei denen du dir sicher bist.
• Suche nach Schlüsselwörtern und -begriffen und markiere sie im Text.

TIPP Aufgabentypen

Wenn du dir nicht mehr sicher bist, was diese Begriffe bedeuten, schau noch einmal im Kapitel A 2.3 „Aufgabentypen" (S. 13) nach.

The text is about a farmer's life and job.
• Find the right heading for each paragraph and write the number of the paragraph in the box.
• Be careful! There are two more headings than paragraphs.

Nun folgt ein weiteres Übungsbeispiel. Versuche das anzuwenden, was du soeben gelernt hast. Bevor du dir die Aufgabenstellung ansiehst, frage wieder dein Vorwissen ab.

Zu Beginn wird der Text von Aufgaben unterbrochen – die Textteile werden mit der Zeit immer länger. Schau dir vorher die *true-false*-Fragen an, suche nach Schlüsselwörtern (was genau wird gefragt) und nutze beim Lesen einen Stift, um Signalwörter der Fragen im Text zu unterstreichen.

Waitangi – a bittersweet National Day

New Zealand is a country shaped by two different groups of people: the Maori, who were the first people to live in New Zealand, and the European settlers (called Pakeha by the Maori) who came to the islands much later and made them part of the British Empire.

1. The Maori have always been the rulers of New Zealand.
The statement is …
a) true ☐
b) false ☐

On 6th February 1840, the Maori and British signed the Treaty[1] of Waitangi, which made it possible for the country to be united. With this treaty, the Maori recognized British power over their lands in exchange for living on their land peacefully.
Although Waitangi Day is now celebrated as a national holiday, Maori and Pakeha did have their troubles in the past. The Maori understood the treaty as holy and felt strongly about their rights and lands. The European settlers, however, had a different interpretation of the treaty and ignored many parts of it. More than a century later the Pakeha began to understand this as a problem. They started to give back Maori land and created a memorial at Waitangi as the place where modern New Zealand was "born".

2. The Treaty of Waitangi meant that the Maori recognized British power.
The statement is …
a) true ☐
b) false ☐

3. The treaty was important and holy for both the Maori and the Pakeha.
a) true ☐
b) false ☐
One piece of evidence from the text:

____

Waitangi – nowadays festival?!

20 Coming to Waitangi on that day is important to people of all communities and backgrounds in New Zealand. Waitangi is around 3 hours north of Auckland by car, but in order to see the whole February 6th celebration, you'd better travel there the day before. Not only because the roads get easily blocked by all the other visitors, but also because the celebration starts early in the

25 morning with the "dawn service" at 5 am. After that visitors and participants have breakfast together.

Although a festival feeling is created with different kinds of music and food, as well as market stalls offering amazing art and crafts and clothing, the main attraction is the procession of Maori boats to the water. These long,

30 traditional waka made of wood leave the bay of Waitangi with Maori (and others) in their traditional costumes and painted faces. When they reach the opposite side of the bay, the Maori perform the famous haka, a ritual dance often used for celebrations but also in war time. It is a special atmosphere when the leader shouts in Maori and the silence of the bay is interrupted as

30 the others chant with him. Visitors feel goosebumps and excitement and even a bit of fear – that might be the reason why the national rugby[2] team uses the haka to greet opponents.

After this, people jump into the water, children start playing on the festival grounds and music and food is everywhere. In these moments, the difficult past

35 is replaced in people's minds with the feeling of coming together as a nation. The festival takes place in Waitangi on the grounds of the first treaty from 1840, which continues to live on as New Zealand's past, present and future.

Annotations

1 treaty – an agreement between countries *(Vertrag)*

2 rugby – a team sport played in many countries (the ball is egg-shaped)

4. To join the Waitangi celebration, you can easily drive there in the morning.
a) true ☐
b) false ☐
One piece of evidence from the text:

____

5. It is almost like a festival, but most important are the waka and haka.
a) true ☐
b) false ☐
One piece of evidence from the text:

____

6. The Treaty of Waitangi is important for New Zealand's people today and in the future.
a) true ☐
b) false ☐
One piece of evidence from the text:

____

1. When does it start? Will other people want to go to the festival, too? ([...]you'd better travel there the day before, [...] the roads get easily blocked by all the other visitors, [...] the celebration starts early in the morning).
2. Look for the words "waka" and "haka".
3. When was the treaty and when is the festival? Do you also find something about "future" in the text?

4 Wortschatz

Der Prüfungsteil zum Wortschatz kommt vor der Schreibaufgabe. Wenn der Wortschatzteil zu schwierig ist, löse zuerst die Schreibaufgabe, weil es dafür mehr Punkte gibt. Die solltest du nicht verschenken. Löse dann aber auch noch die Wortschatzaufgaben.

4.1 Wortfelder erarbeiten

Im Wortschatzteil geht es darum, wie groß dein Vokabelwissen ist und wie gut du damit umgehen kannst. Am besten kannst du dich darauf vorbereiten, wenn du **Wortfelder** erarbeitest. Das kannst du sehr gut mit *word webs* machen. Eigentlich kannst du zu jedem Thema ein *word web* erstellen.
Benutze ruhig ein Wörterbuch zum Üben!

TIPP Vokabelwissen

Übe und erweitere deinen Wortschatz mit *word webs*!

Hier ist ein Beispiel zum Thema *school*. Sieh es dir an. Vielleicht fallen dir noch weitere Wörter und Begriffe ein. Wenn du möchtest, ergänze das *word web*.

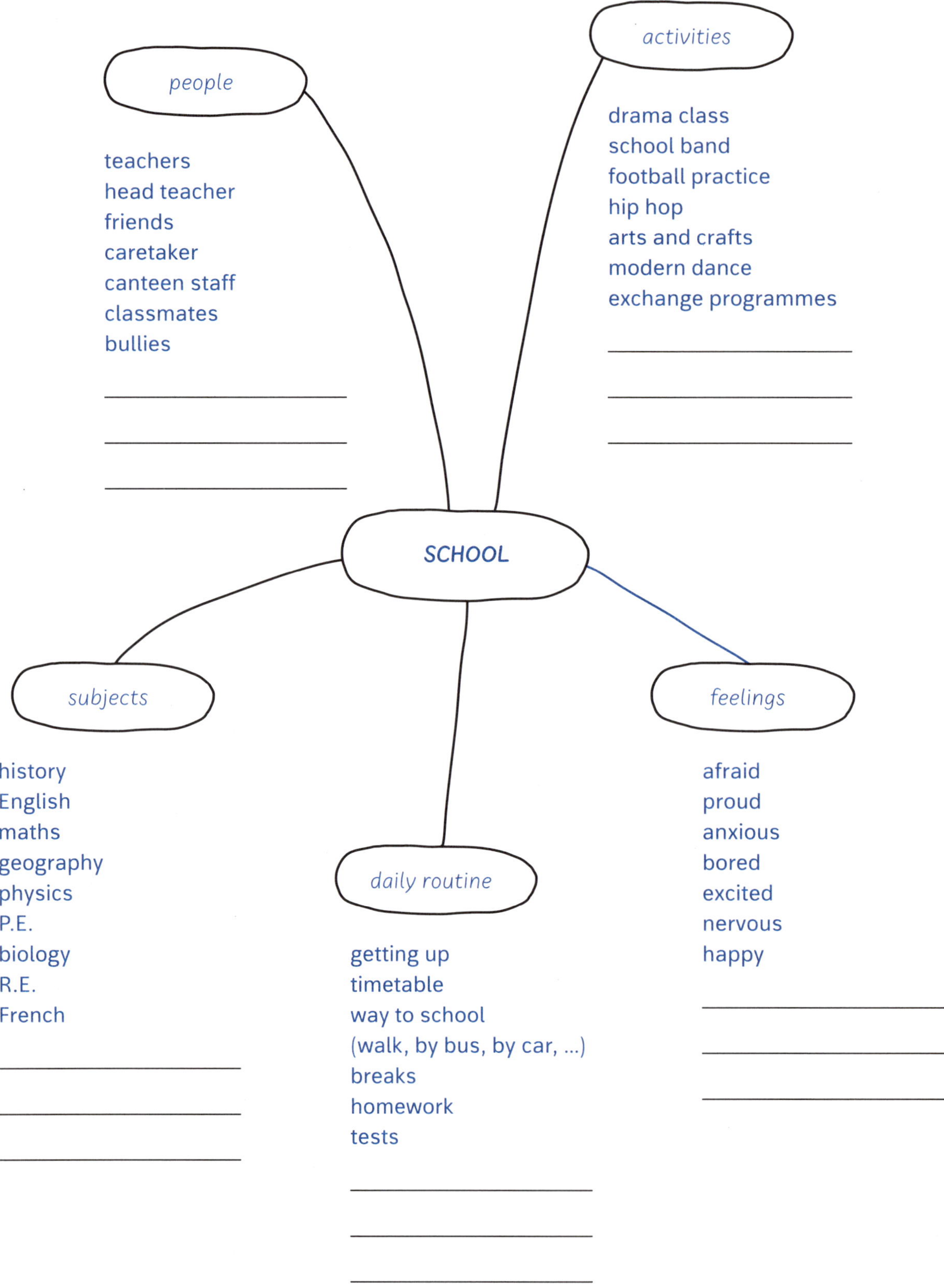

In diesem *word web* geht es um das Thema **family life**. Unten im Kasten findest du Wörter und Begriffe zum Thema. Trage sie richtig ein! Auch hier kannst du gern andere Wörter zuordnen, die du noch zu diesem Thema kennst.

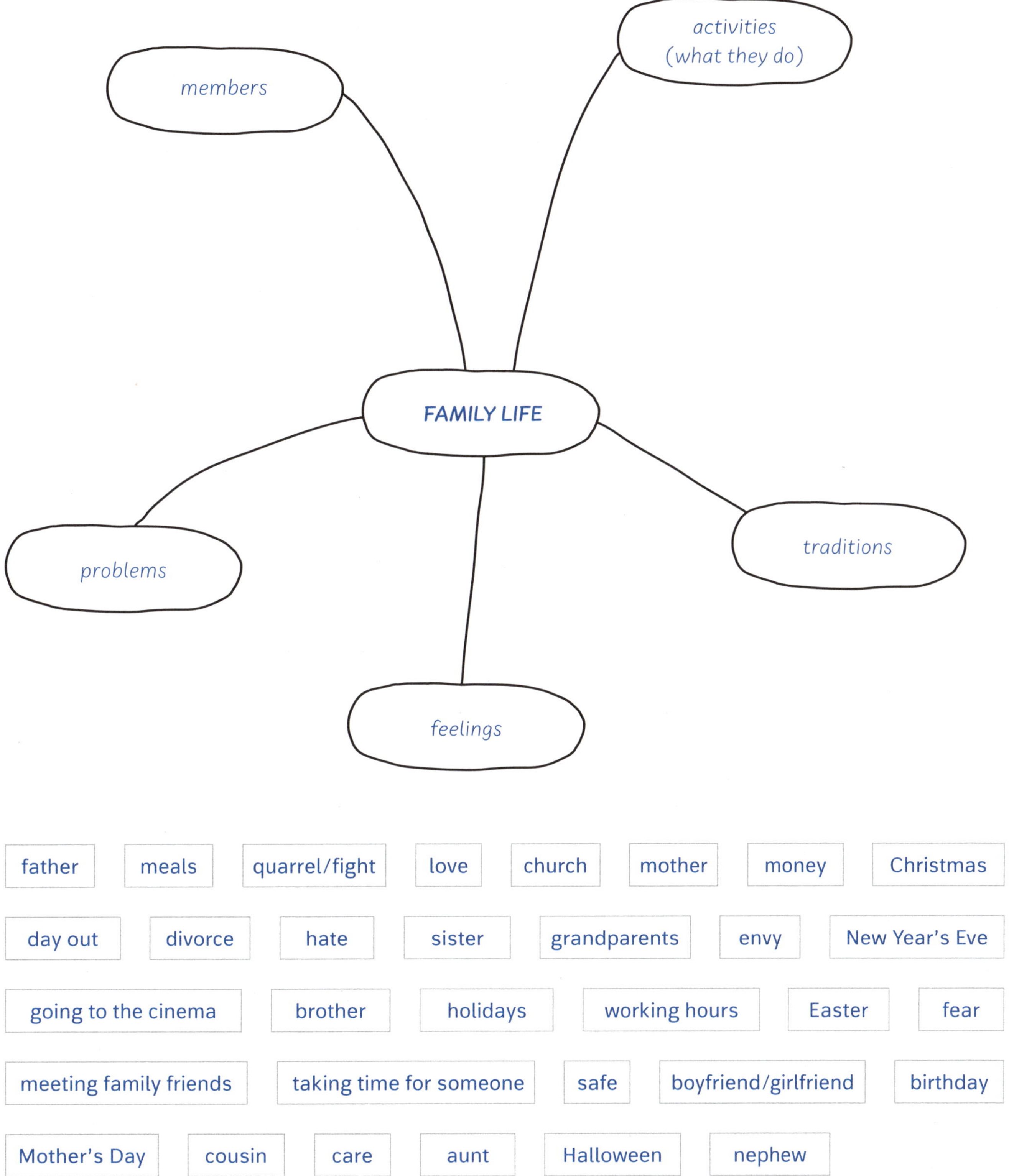

father	meals	quarrel/fight	love	church	mother	money	Christmas
day out	divorce	hate	sister	grandparents	envy	New Year's Eve	
going to the cinema	brother	holidays	working hours	Easter	fear		
meeting family friends	taking time for someone	safe	boyfriend/girlfriend	birthday			
Mother's Day	cousin	care	aunt	Halloween	nephew		

Hier ist noch ein weiteres *word web* für dich zum Üben, diesmal zum Thema ***media***. Versuche diesmal selbst Lösungen zu finden!

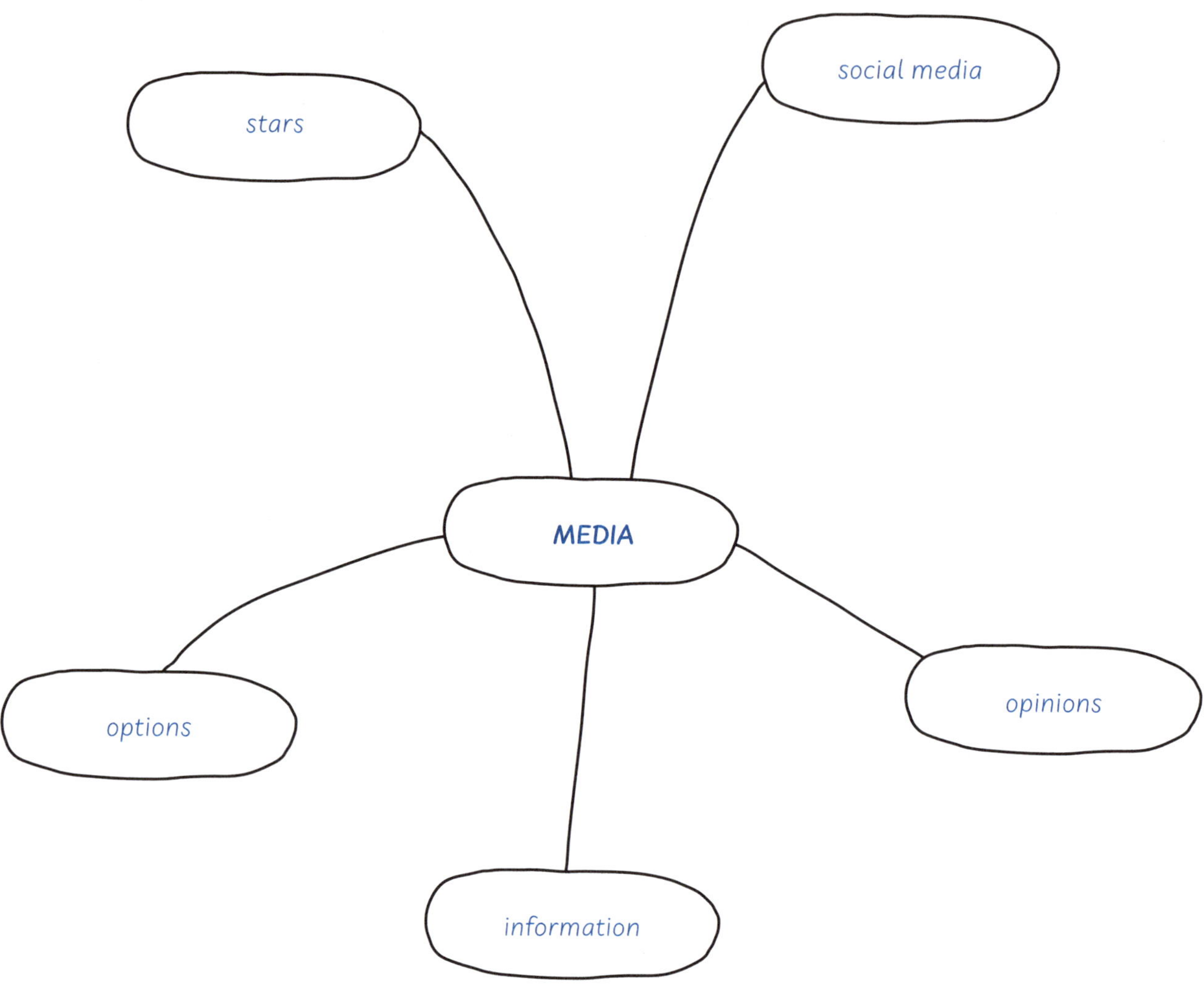

Vergleiche dein *word web* mit dem Lösungsvorschlag – andere Lösungen als dort können auch richtig sein. Du kannst auch zu anderen Themen ein *word web* gestalten – lass dieses z. B. von deinem Lehrer oder deiner Lehrerin abgleichen.

Wenn du ein neues *word web* machen möchtest, überlege, welche Kategorien du dafür brauchst. Oft kannst du mindestens drei oder vier Kategorien bilden:

- Personen (Wer hat etwas damit zu tun?)
- Dinge (Um welche Dinge/Begriffe geht es?)
- Verben (Was wird gemacht? Um welche Aktivitäten handelt es sich dabei?)
- Adjektive (Meinungen, Gefühle, Eigenschaften usw.)

4.2 Vorübung: *Making a list*

Anstatt ein *word web* zu erstellen, kannst du auch eine Liste anlegen. Überlege genau, was du auflisten kannst, damit du sinnvolle Wörter findest.

Beispiel
Holiday accommodation

• Make a list of places where you can stay on holiday.

youth hostel _______________________   _____________________________

_______________________________________   _____________________________

_______________________________________   _____________________________

_______________________________________   _____________________________

_______________________________________   _____________________________

_______________________________________   _____________________________

Achte bei einer Liste immer darauf, dass du verschiedene Wörter verwendest. Wenn z. B. nach Hobbys gefragt wird, solltest du also nicht nur alle Ballsportarten auflisten oder Wortgruppen mit dem Wort *play*. Das klingt einfallslos und langweilig. Außerdem deutet es darauf hin, dass du kein gutes Vokabelwissen hast – und genau den Eindruck willst du ja nicht machen.

4.3 Vorübung: *Finding opposites*

Hier musst du Gegenteile zu den vorgegebenen Wörtern benennen. Es gibt manchmal mehrere Möglichkeiten. Manchmal fällt dir ein Wort nicht ein, aber du kennst das Gegenteil. Dann kannst du das verwenden, z. B. mit „not …". Setze hier das Gegenteil der genannten Wörter ein.

Beispiel
The world of work

• Find the opposites.

work – *holiday* ____

1. get up early – ____

2. well-paid – ____

3. long hours – ____

4. flexible – ____

5. interesting – ____

6. advantage – ____

7. skilled – ____

8. full-time – ____

9. experienced – ____

4.4 *Gap filling*

Im Wortschatzteil gibt es oft *gap filling*-Aufgaben. In der Regel wird dir die erste Aufgabe leichter fallen, denn du hast meistens Lösungsmöglichkeiten vorgegeben. Du musst nur auswählen und einsetzen.

> **TIPP**
> - Lies die Aufgabe genau durch UND schaue dir die vorgegebenen Vokabeln an.
> - Fang immer mit den Sätzen an, bei denen du dir sicher bist.
> - Welche Wörter könnten am besten in welche offene Lücke passen? (Im Notfall rätst du – verschenke keine Punkte!)

Beispiel
Adjectives and Adverbs

- Complete the following sentences with words from the boxes below.
- Use each word only once.
- There is one more word than you need.

> **TIPP**
> Streiche in der Auswahl unten ein Wort durch, wenn du es eingesetzt hast.

badly	beautiful	~~best~~	better	fast	fastest
good	high	slow	slowly	well	

1. My ___*best*___ friend's name is Ross. He is very good at sports.

2. He can run _____________________ and jump really _____________________ .

3. He is the _____________________ boy in my class.

4. He can also draw very _____________________ .

5. Some of his pictures are _____________________ .

6. But Ross is not very _____________________ at English.

7. He reads and writes very _____________________ .

8. Yesterday, he did very _____________________ in his test.

9. I'm helping him, so that he will do _____________________ next time.

Wenn es keine Lösungsvorgaben gibt, ist das auch nicht unbedingt ein Problem. Manchmal gibt es nicht nur eine richtige Antwort, sondern mehrere Lösungsmöglichkeiten. Schreibe also das hin, was du für richtig hältst.

Prepositions
Beispiel: Social media (1)

- Complete the following sentences with words from the box below.
- Use each word only once.

| on | from | to | in/with | of | with | in |

1. Social media is a big thing ________________ my life.

2. I spend half ________________ the day online.

3. ________________ TikTok I can share videos ________________ my friends.

4. There are many videos ________________ all around the world.

5. It is interesting ________________ see what other teenagers do ________________ their free time.

LÖSUNGSHILFE

Oft gehören alle einzusetzenden Wörter zur gleichen Wortart, wie z. B. in dieser Aufgabe: Präpositionen. Das muss aber nicht so sein. Überlege immer, was für eine Information und was für ein Wort (oder Ausdruck) im jeweiligen Satz fehlt. Ist ein Nomen *(holiday)*, ein Verb *(run)*, ein Adjektiv *(fantastic)*, ein Adverb *(quickly)*, eine Präposition *(on)* oder ein Pronomen *(he/his)* gesucht?
Wenn du das weißt, musst du nur noch ein Wort von dieser Wortart suchen, das inhaltlich passt.

Probier es einmal aus:
Beispiel: Social media (2)

- Complete the following text about social media with suitable words.

1. On the other hand, some people don't like to watch videos ________________ TikTok.

2. It can be dangerous if one only gets information ________________ social media.

3. Some kids have trouble ________________ online bullying.

4. Some videos make you feel bad ________________ yourself.

5. Social media can also lead ________________ problems when you compare yourself to people in the videos.

6. Some TikTok stars and users live ________________ their own world.

4.5 *Matching*

Es gibt noch einige andere Aufgabentypen, um den Wortschatz zu überprüfen, z. B. *matching*-Aufgaben. Hier werden Begriffe erklärt und du musst sie richtig zuordnen. Es kann auch sein, dass du die Begriffe selbst benennen musst. Schau dir also die Begriffe und die Definitionen sorgfältig an. Auch hier fängst du am besten mit den einfachen Wörtern an.

Beispiel
Dating
Hier sollst du den Sätzen mit den Zahlen 1. bis 8. die passenden Wörter a) bis j) zuordnen.

- Read the sentences below.
- Find the right word for each of them. There are two words more than you need!

1.	You meet someone you like to go to the cinema in the evening – you are on a _____
2.	You don't know what to do and your voice is shaking – you feel _____
3.	But your date smiles a lot and laughs about your silly jokes – he/she feels _____
4.	Before the film starts, you buy something sweet to eat: _____
5.	You both enjoy the film and you have a great _____
6.	After the film you go and have something to eat: _____
7.	At the end you walk hand in hand and look up at the sky – you see _____
8.	Before you say goodbye, you kiss and you feel wonderful – you are in _____

a)	nervous
b)	restaurant
c)	date
d)	boyfriend
e)	roses
f)	stars
g)	happy
h)	love
i)	popcorn
j)	time

Beispiel

Teenagers

Dies ist auch eine *matching*-Aufgabe. Diesmal sollst du die Nomen A) bis F) den richtigen Beschreibungen (1. bis 7.) zuordnen.

Lies die Sätze gut durch und überlege, was der Satz aussagen soll.

The following text deals with teenagers and their plans.

• Match the following sentences (1.–6.) with the given nouns.

1.	Many teenagers wonder what will happen when they leave school – not all have got a plan.
2.	Parents push their children to find a good job or start a career.
3.	When you apply for a job, you will be invited to present yourself there.
4.	A new school or workplace could give you a chance to make new friends.
5.	But if you stay at your old school, you know when lessons start and where to meet your friends.
6.	The more you learn and study, the more easily you will succeed and that will make you feel good.

A)	pressure
B)	hope
C)	routine
D)	confidence
E)	worry
F)	interview

5 Schreiben

Der letzte Prüfungsteil „Schreiben" ist besonders wichtig für dein Prüfungsergebnis, da es verschiedene Punkte für

a) Inhalt
b) Sprache/Ausdruck und
c) sprachliche Korrektheit gibt.

Es wird bei dieser Aufgabe bewertet, wie gut du einen freien Text schreiben kannst. Dabei wird darauf geachtet, **was** du schreibst und **wie** du dich dabei ausdrückst. Zudem kommt es noch darauf an, dass du

d) die gewünschte Textsorte schreibst (Email, Brief, Kommentar, Projektbeschreibung usw.)!

5.1 Vier Tipps zu den Inhaltsvorgaben

Freie Texte schreiben ist immer schwer. Wichtig ist, die Aufgabe richtig zu lesen und locker zu bleiben! Die folgenden vier Tipps sind eine kleine Anleitung, wie du vorgehen kannst.

TIPP Inhaltspunkte sammeln

1. Bevor du anfängst zu schreiben, lies die Aufgabe genau durch. Du bekommst nämlich eine Situation geschildert, die dir das <u>Thema</u> und die <u>Textsorte</u> (oft Email) vorgeben.
   → <u>wem sollst du schreiben</u> (Name) und wie kennt ihr euch/wie oft habt ihr schon geschrieben. Denk an eine passende <u>Begrüßung/Anrede</u> und die Verabschiedung am Ende. Nutze unbedingt die vorgegebene Textsorte (siehe oben Punkt d)!

2. Du bekommst unter dieser ersten Information meist einen Kasten mit <u>weiteren Aufgaben</u> (z. B. *write about …/describe …/explain …/ask questions about …*)
   → Neben dem Thema (siehe Tipp 1.) musst du diese einzelnen Punkte unbedingt bearbeiten/beantworten. Hierdurch bekommst du deine Punkte für den Inhalt.
   → Zur Kontrolle kannst du einen Haken hinter jede bearbeitete Aufgabe machen.

3. Komme zügig zum Punkt und <u>arbeite die Aufgaben genau ab</u>. Manchmal musst du dabei kreativ sein. Vielleicht wird von dir gefordert etwas über deine Familie zu schreiben oder deine Hobbys. Dabei <u>musst</u> du <u>nicht ehrlich antworten</u>, sondern kannst dir auch etwas ausdenken, was gut zur Aufgabe und deinen Fähigkeiten im Fach English passt.
   → Lass keine Einzelaufgaben aus, nur weil sie nicht mit deinem Leben zu tun haben – erfinde ein Hobby, einen Bruder, ein Projekt oder etwas anderes. (Wer soll das denn kontrollieren?)

4. Oft sind die Vorgaben so, dass du <u>circa 120 Wörter</u> schreiben sollst. Natürlich schreibst du <u>freundlich</u> und <u>informativ</u>, aber immer <u>mit klarem Bezug zu den Aufgabenteilen</u>.
   → Dein Text wird neben dem Inhalt dann noch b) +c) sprachlich bewertet.

5.2 Wie du sprachlich punkten kannst

1. Schreibe in ganzen Sätzen. Wenn du sprachlich unsicher bist, halte deine Sätze kurz und knapp. Bist du jemand, der auch längere Sätze schreiben kann, dann zeige das auch.

2. Drücke dich klar und deutlich aus. Wenn du deinen eigenen Satz nicht verstehst, dann wird es wohl auch kein anderer können.

3. Benutze keine deutschen Wörter! Wenn dir ein Wort nicht einfällt, überlege, ob man es auch anders sagen kann. Du sollst zeigen, wie gut dein Englisch ist.

4. Manchmal kannst du einen Teil der Frage nutzen, um deine Antwort zu schreiben.

Beispiel 1: What was your best holiday ever?
My best holiday ever was ...

Beispiel 2: Where would you like to go most of all?
Most of all I would like to go ...

5. Wenn du fertig bist, schau dir deinen Text noch einmal genau an und kontrolliere, ob sich nicht doch Fehler eingeschlichen haben.

TIPP sprachliche Punkte sammeln

So kannst du sprachlich punkten:
- Schreibe in ganzen Sätzen.
- Drücke dich klar aus.
- Benutze keine deutschen Wörter.
- Kontrolliere deinen Text, wenn du fertig bist.

TIPP gute *linking words*

or – oder
but – aber
because – weil
if – wenn (falls)
when – wenn (wann)

5.3 Versuch's doch mal: E-Mail

International pupils

Your partner school in Cardiff, Wales, wants to find out how German schools work with international pupils. In this context "international pupils" mean teenagers who come from other countries and do not know any German or English.
You tell your exchange partner David about your school's situation and about your ideas in an e-mail.

Aufgaben
- Write an e-mail to David.
- Write about all the aspects given below.
- Write about 120 words.

From:	
To:	David.Myles@howellsschool.uk
Subject:	My ideas for refugees at my school

Inform David and write about the following aspects:

A Describe if your school has international pupils and if so, do you know any of them?

B Describe:
- what your school does to help (1)
- what you think international pupils want/need (2)
- what you think is or could be a problem (for your school or international pupils) (3)

C Explain what you and your school can do to help (give two examples).

Bevor du anfängst, findest du hier einige nützliche Informationen zu Briefen und E-Mails:

INFO zu Briefanfängen, Einleitung, Abschluss und zur Verabschiedung

Briefanfang (gilt auch für E-Mails):
Hi Tristan,
Hello Lisa,
Dear Marcus,

Einleitung:
Thank you for your letter. You asked about …
Thanks for your e-mail. You wanted to know …

Abschluss:
That's all for today. Write back soon.
I have to go now. Write back soon.

Verabschiedung:
Yours,
See you,
Bye,

Für die Lösung der Aufgabe siehst du hier eine Checkliste – sie erinnern an die vier Tipps auf Seite 34. Auf der nächsten Seite findest du zudem für die Tipps 1 und 2 eine Lösungshilfe.

CHECKLISTE Tipps

1. Du hast die Aufgabe gelesen: Situation, Thema und Textsorte erkannt.	☐
2. Du hast die einzelnen Aufgaben bearbeitet.	☐
3. Du hast nur englische Wörter benutzt und in ganzen Sätzen geschrieben. → Im Zweifel schreibe kurze Sätze und umschreibe Vokabeln/die Situation, wenn dir ein Wort nicht einfällt. → Erinnere dich: Deine Antwort muss nicht ehrlich sein, sie muss nur zur Aufgabe passen – vielleicht hast du bessere Vokabeln für eine andere Antwort/Meinung.	☐ ☐
4. Du hast genug geschrieben und kannst selber keine Fehler mehr in deinem Text finden (Textaufbau, Grammatik- und Rechtschreibfehler).	☐

LÖSUNGSHILFE zu Tipp 1

Worum geht es?	Es geht um das **Thema** Schule und Kinder aus anderen Ländern oder sogar geflüchtete Kinder.
Was ist die Situation?	Die Partnerschule möchte wissen, wie die Situation an deiner Schule ist/wie mit diesen Schülern und Schülerinnen gearbeitet wird.
Was ist die Aufgabe?	eine E-Mail (**Textsorte**) an David schreiben

So könntest du beginnen:

Hi David,
thanks for your e-mail – I am fine. So you asked me in your e-mail about "international" students at my school.

Die Einleitung ist fertig – beantworte in deinem Text nun die geforderten Aufgaben A–C.
So könnte dein Text aussehen:

We have a few international pupils, but not in my class so personally I don't really know them. (A)
I know that my school has special classes for these pupils so that they can learn German. There are also some parents who help out and read German books to them during free lessons. (B 1)
I think it is hard not to understand German at a German school. But they also need to find some friends here and maybe have a hobby at our school. I think they would also like our teachers to understand their language a bit. (B2)
At our school pupils all know each other so that new pupils find it difficult to make friends and some German pupils don't give them a chance. (B3)
It's easy to help: Just talk to the new pupils or do a trip somewhere nice with them to get to know them. (C)

Die Aufgaben sind beantwortet – beende deine Email:

It was good hearing from you.
Bye,

Chris

5.4 Beispiel: Bewerbung

Hier ist noch eine zweite Beispielaufgabe:
Letter of application

On your school notice board you find the following information from your partner school in Newcastle.

- Read the information and apply for a work experience placement[1] in or around Newcastle.
- Look at the details and choose where you would like to work.
- Check what information you need to give.
- Think of a good start and a good ending to your application[2].
- Write at least 100 words.
- Write in full sentences.

1 **apply for a work experience placement** – sich um einen Praktikumsplatz bewerben

2 **application** – eine Bewerbung

Work Experience in and around Newcastle

When: August 2024
What: car maintenance, office help, childcare, restaurant, gardening
Duration: 10 days (minimum)
Experience: not needed
Qualifications: English skills
Free accommodation in families
You must be at least 15 years old.
Interested? Then write to:

Mr Gower
Fitzalan High School
Victoria Road
Newcastle
NC2 7PM

Please enclose your CV.

LÖSUNGSHILFE

Überlege zunächst: Worum geht es?
Welche Fragen musst du beantworten? (Wozu musst du etwas schreiben?) Markiere die Textstellen.

Es geht um „work experience placements", also um Praktikumsplätze. Die Aufgabenstellung sagt dir, dass du dich bewerben sollst.
In dieser Aufgabe gibt es keine direkten Fragen. Du musst aus den Informationen herauslesen, wozu du etwas schreiben musst. Folgende Dinge solltest du markiert haben:
– "work experience in and around Newcastle"
– "August 2024"
– "car maintenance, office help, childcare, restaurant, gardening" – Hier musst du wählen.
– "10 days – minimum"
– "experience not needed"

- "English skills"
- "accommodation in families"
- "at last 15 years old"

Überlege nun, was du zu den einzelnen Punkten schreiben kannst und wo du ausführlicher sein kannst. Mach dir kurze Notizen dazu:

____

____

____

____

____

Dann kannst du anfangen. Pass jedoch auf, denn hier musst du einen formellen Brief schreiben. Du musst also höflich sein. Auch deine Adresse und die Adresse des Empfängers musst du mit angeben.

INFO Bewerbungsbrief: Adressen und Datum

Deine Adresse steht rechts oben:

Tannenweg 23
42477 Wuppertal
Germany

Die Adresse des Empfängers steht darunter auf der linken Seite:

Mr Gower
Fitzalan High School
Victoria Road
Newcastle
NC2 7PM
UK

Das Datum steht darunter auf der rechten Seite:

17th March 2024

INFO Bewerbungsbrief: Anrede und Verabschiedung

Name des Empfängers bekannt:	**Name des Empfängers unbekannt:**
Anrede: *Dear Mr Gower,*	**Anrede:** *Dear Sir or Madam,*
Verabschiedung: *Yours sincerely,*	**Verabschiedung:** *Yours faithfully,*

INFO Lebenslauf: Welche Bereiche muss ich abdecken?

Curriculum Vitae

„**CV**" steht für „**Curriculum Vitae**" und bedeutet Lebenslauf. Amerikaner benutzen stattdessen das Wort „resumé".

Laura Schmidt

Abgesetzte Überschriften und eine **klare Gliederung** erleichtern das Lesen.

Tulpenweg 141, 58455 Witten, Germany
Telephone: 0049 2302 176218
Email: laura.schmidt@email-finale.de

Vergiss nicht, bei der Telefonnummer auch die **internationale Vorwahl** anzugeben.

Personal statement:	I am a hard-working, reliable student. I like working in a team and am looking forward to getting more experience in the workplace.	Der Bereich „**Personal statement**" ist möglich, aber nicht zwingend notwendig für einen CV.
Education:	2018–2024 Hardenstein Gesamtschule (comprehensive school), Witten, Germany 2014–2018 Grundschule Vormholz (primary school), Witten, Germany	**GCSE** gibt es nur in Großbritannien. Dies entspricht dem US-amerikanischen **High School Diploma**.
Qualifications:	Studying for Fachoberschulreife (equivalent of GCSEs)	
Languages:	English (8 years), French (5 years)	
Other skills:	First-Aid certificate, moped licence; basic gardening skills	Der Bereich **Other skills** ist möglich, aber nicht zwingend notwendig für einen CV.
Work Experience:	Three weeks in a primary school; babysitting job at weekends	
Hobbies and interests:	My hobbies are playing volleyball and tennis in after-school clubs. I am very interested in photography and computers.	
References:	Available on request	Hier kannst du auch eine konkrete Person/Arbeitsstelle als Referenz nennen (Name, Anschrift, Kontaktdaten), sprich dies aber im Fall einer echten Bewerbung vorher mit ihm/ihr ab.

Nun versuche, die Aufgabe zu lösen. Schreibe auf ein Extrablatt.

Das war eine sehr schwierige Aufgabe. Du wirst sehen, dass die Schreibaufgaben in den Tests meistens viel einfacher sind. Trotzdem wäre es gut, wenn du Vokabeln und Strukturen zum Bewerbungsbrief auswendig lernen würdest. Dann bist du auf jeden Fall vorbereitet.

> **TIPP** Bewerbungsbrief
>
> Lerne Vokabeln und Strukturen zu einem Bewerbungsbrief auswendig!

6 Wie wird in der Prüfung bewertet?

Es ist sehr wichtig, dass du weißt, wie die einzelnen Aufgaben bewertet werden. Damit kannst du selbst einschätzen, welche Note du in den einzelnen Teilen des Tests erreicht hast. Außerdem hilft es dir zu entscheiden, was du schon richtig gut kannst und was du noch mehr üben musst. Hier siehst du nun beispielhaft, welche Punkte in den Tests vergeben werden können.

Erster Prüfungsteil: Hörverstehen

Hörverstehen Teile 1 und 2
- Für jede inhaltlich richtige Lösung gibt es einen Punkt. Sprachliche Fehler führen nicht zum Punktabzug.

Zweiter Prüfungsteil: Leseverstehen – Wortschatz – Schreiben

Leseverstehen
- Für jedes richtige Ankreuzen gibt es einen Punkt.
- Ebenso gibt es jeweils einen Punkt, wenn du ein richtiges Beispiel aus dem Text zitierst bei einer Aufgabenform wie z. B. "You can only see 'The Kop' in Liverpool. True oder false? The text says …"
- Für eine richtige Begründung nach "because the text says" bekommst du zwei Punkte.
- Sprachliche Fehler führen nicht zum Punktabzug, solange deine Aussage verständlich und inhaltlich richtig ist.

Der Wortschatz wird in sogenannten Bewertungseinheiten (BE) gemessen. Jede inhaltlich richtige Antwort gilt als richtig. Es gibt keinen Punktabzug bei sprachlichen Fehlern!

- in der ersten Wortschatzaufgabe pro richtiger Lösung 1 BE
- in der zweiten Wortschatzaufgabe pro richtiger Lösung 2 BE

Diese Bewertungseinheiten werden dann in Punkte umgewandelt. Das geht so:

Bewertungseinheiten (BE) = Punkte									
18 – 17	16 – 15	14 – 13	12 – 11	10 – 9	8 – 7	6 – 5	4 – 3	2 – 1	0
= 9	= 8	= 7	= 6	= 5	= 4	= 3	= 2	= 1	= 0

Für den Wortschatzteil kannst du also insgesamt 9 Punkte bekommen.

Schreiben

Die Schreibaufgabe wird unter drei Aspekten bewertet. Diese sind: Inhalt, Ausdrucksvermögen und sprachliche Korrektheit.

Inhalt:

Für jede korrekt beantwortete Frage kannst du bis zu zwei Punkte bekommen. Das geht so:

- Ist die Antwort angemessen, also richtig und vollständig: 2 Punkte
- Ist die Antwort unvollständig, zu knapp oder zu oberflächlich: 1 Punkt
- Fehlt die Antwort oder ist sie falsch: 0 Punkte

2 weitere Punkte kannst du bekommen, wenn du deinen Text ordentlich einleitest und auch beendest. Außerdem kannst du noch 2 Punkte zusätzlich bekommen, wenn du eine oder mehrere Fragen besonders ausführlich beantwortest. Allerdings kannst du nicht mehr als 10 Punkte insgesamt erhalten!

Ausdrucksvermögen:

Pro Kriterium sind 2 Punkte möglich (d.h. du kannst zwei, einen oder auch gar keinen Punkt bekommen). Es gelten folgende Kriterien:

1	Hast du einen verständlichen und gut lesbaren Text geschrieben?
2	Hast du in ganzen Sätzen geschrieben?
3	Hast du auch einige Sätze geschrieben, die aus mehreren Teilsätzen bestehen? (Hast du also *linking words* verwendet, wie z. B. *because, that, if*?)
4	Hast du z. B. in einem Brief oder in einer E-Mail an die Anrede, die Begrüßung und die Schlussformel gedacht?
5	Hast du daran gedacht, dass der Empfänger deines Textes kein Deutscher ist und kein Deutsch versteht? (Du darfst also keine deutschen Wörter verwenden, und du musst eventuell Dinge erklären, die hier alltäglich, aber anderswo unbekannt sind. So kennt man in England z. B. keine Schrebergärten. Wenn du davon schreibst, musst du erklären, was ein Schrebergarten ist.)

Das ergibt insgesamt 10 Punkte.

Sprachliche Korrektheit:

Auch hier wird weiter unterteilt, nämlich in Rechtschreibung, Grammatik und Wortschatz. Für jeden Teilaspekt gibt es maximal 2 Punkte. Das geht ungefähr so:

Hast du wenige Fehler gemacht, sodass dein Text trotz der Fehler recht gut zu lesen ist?	2 Punkte
Hast du doch einige Fehler gemacht? Versteht man vielleicht nicht alles ganz klar?	1 Punkt
Hast du sehr viele Fehler gemacht, sodass es ziemlich schwierig ist, deinen Text zu verstehen?	0 Punkte

Das ergibt insgesamt 6 Punkte. Du merkst also, dass es nicht so schlimm ist, wenn du Fehler machst!

Nun weißt du ein wenig besser, wie was bewertet wird. Nach jedem Test kannst du deine Punktzahl entsprechend eintragen.

Du wirst merken, dass die Punktvorgaben in den einzelnen Tests nicht immer gleich ausfallen. Im Wortschatz, beim Leseverstehen und auch beim Schreiben kann es sein, dass dir mehr abverlangt wird als in der richtigen Prüfung. Darüber musst du dir aber keine Sorgen machen, denn wenn du diese Tests gut bearbeiten kannst, dann kannst du davon ausgehen, dass du es auch in der Prüfung schaffen wirst.

Am Ende jedes Tests steht auch eine Notentabelle. Sie sagt dir, welche Note du in dem jeweiligen Test erhalten hättest. So könnte die Bewertung **zum Beispiel** am Ende eines Tests aussehen:

CHECKLISTE Bewertung

Aufgabe	Punkte
Hörverstehen	**12**
Teil 1	(6)
Teil 2	(6)
Leseverstehen	**13**
Wortschatz	**9**
Schreiben	**26**
Inhalt	(10)
Ausdrucksvermögen	(10)
Sprachliche Korrektheit	(6)
Gesamtpunktzahl	**60**

7 Bevor du anfängst

Jetzt weißt du, was dich in der Prüfung erwartet. In Teil B dieses Buches findest du sechs Übungsprüfungen.

Wie arbeite ich mit Teil B?
a) Am Anfang jedes Übungstests findest du eine **Checkliste.** Sie sagt dir, wie viel Zeit du einplanen musst und welche Materialien du brauchst.
b) Du kannst dir nach jeder Aufgabe kurz notieren, wie lange du für die Bearbeitung gebraucht hast.
c) Wenn du mit dem Test fertig bist, kontrolliere, ob deine Zeitplanung gepasst hat. Es ist ganz wichtig, dass du die Zeitplanung und -einteilung trainierst, damit du in der richtigen Prüfung nicht in Zeitnot gerätst.
d) Bei jeder Aufgabe kannst du im Lösungsheft überprüfen, wie gut du damit klargekommen bist. Gehe schrittweise durch die Auswertung deines Tests, damit du weißt, was du schon gut kannst und was du noch üben solltest.

Um dir den Anfang ein bisschen zu erleichtern, bekommst du in den ersten drei Übungstests **Lösungshilfen.** Diese zeigen dir, was du bei einer bestimmten Aufgabe beachten solltest, und weisen dich sozusagen in die richtige Richtung.

Die Lösungshilfen werden mit der Zeit weniger und knapper werden. Schließlich sollst du lernen, „auf eigenen Füßen zu stehen". Deshalb wirst du ab dem vierten Übungstest auch keine Lösungshilfen mehr vorfinden.

Auch für die **Schreibaufgaben** findest du im Lösungesheft Beispielantworten. Diese sind natürlich sprachlich und inhaltlich richtig, aber du solltest nicht vergessen, dass es auch andere Lösungsmöglichkeiten gibt.

Du könntest deinen eigenen Text von jemandem durchschauen lassen, um zu sehen, wie gut du selbst abgeschnitten hast.

Lass dich also nicht beunruhigen, wenn du zunächst mehr als 90 Minuten brauchst. Erst einmal zählt, dass du einen Prüfungstest ruhig und konzentriert bearbeitest.

Trotzdem solltest du von Anfang an mit der Uhr arbeiten. Notier dir einfach, wann du mit welcher Aufgabe begonnen hast und wann du sie beendet hast. Schreib es einfach neben die Aufgabenstellung. Dann merkst du bald selbst, wie viel Zeit du für jeden Teil benötigst. Das hilft dir, deine Zeiteinteilung selbst zu kontrollieren. Das ist für die Prüfung natürlich sehr wichtig, denn du möchtest ja schließlich so gut wie möglich abschneiden.

TIPP Beispielantwort zur Schreibaufgabe
- Es gibt mehrere Lösungsmöglichkeiten. Die Beispielantwort ist nur eine von vielen.
- Du kannst aber inhaltlich abmessen, ob du alle Fragen beantwortet hast.
- Du kannst sie auch nutzen, um deinen eigenen Text zu verbessern.

TIPP Zeiteinteilung
- Achte schon bei den Übungstests auf die Zeiteinteilung!
- Benutze eine Uhr!
- Es macht nichts, wenn du am Anfang noch länger brauchst.
- Notiere dir am Rand, wann du eine Aufgabe beginnst und wann du sie beendet hast.

Teil B Tests

Am Anfang jedes Übungstests findest du eine Checkliste vor. Dazu gibt es auch eine Tabelle, in der du deine Zeit planen kannst. Im ersten Übungstest wurde das für dich schon vorgegeben, um dir bei der Planung zu helfen. Am Ende des Tests kannst du dann einschätzen, wie du mit der Zeitplanung zurechtgekommen bist.

Viel Glück!

Angeleiteter Test 1 – The World of Sport: Vorbereitung

Bevor du mit Test 1 auf Seite 47 beginnst, schau dir die Checkliste genau an und beachte die Hinweise zur Zeitplanung auf der nächsten Seite. Fülle die Tabellen aus.

CHECKLISTE Was du brauchst

1. Zeit Ich habe genug Zeit, um den Test zu bearbeiten:		☐
für den ersten Prüfungsteil		☐
Hörverstehen	(20 Minuten)	☐
für den zweiten Prüfungsteil	(etwa 70 bis 90 Minuten)	☐
Leseverstehen	(20 bis 25 Minuten)	☐
Wortschatz	(15 bis 20 Minuten)	☐
Schreiben	(35 bis 40 Minuten)	☐
für die Kontrolle und Auswertung	(etwa 10 bis 15 Minuten)	☐
2. Arbeitsplatz Ich kann hier in Ruhe arbeiten.		☐
3. Material Ich habe:		☐
eine Uhr (möglichst mit Weckfunktion)		☐
meine Schreibmaterialien (Bleistift, Radiergummi, Füller, Textmarker, Lineal)		☐
für das Hörverstehen: Zugang zum Internet und zur Seite finaleonline.de		☐
wenn du möchtest, auch ein Wörterbuch (aber nur für Notfälle, denn in der Prüfung musst du ohne auskommen)		☐

In diesen Abschnitten findest du viele Hinweise. Wenn du dir nicht ganz sicher bist, wie du eine Aufgabe lösen sollst, suche also die Lösungshilfe. Sie ist meistens unter der Aufgabe zu finden.

Zeitplanung und Zeitkontrolle

Trage in diese Tabelle ein, wie viel Zeit du pro Aufgabenteil benötigt hast. Dann kannst du am Ende gut einschätzen, ob du mehr oder weniger Zeit gebraucht hast.

	geplante Zeit	benötigte Zeit
Hörverstehen	20 min	
Leseverstehen	20 – 25 min	
Wortschatz	15 – 20 min	
Schreiben	35 – 40 min	
Gesamtzeit	90 – 110 min	

Auswertung Test 1

Wenn du den ersten Test bearbeitet hast, vervollständige die Tabelle oben und kreuze dann die passende Aussage an.

Ich lag gut in der Zeit. ☐
Ich brauchte nicht mehr als 105 Minuten. ☐
Ich habe es gerade so geschafft. ☐
Ich brauchte mehr Zeit. ☐

Diese Aufgabenteile habe ich schnell lösen können: _______________________________________.

Für diese Aufgabenteile habe ich sehr viel Zeit gebraucht: _______________________________.

Wenn du gut in der Zeit liegst, kannst du dich wirklich freuen. Wahrscheinlich hast du aber länger gebraucht als 95 Minuten insgesamt. Immerhin hattest du noch sehr viele Hinweise zu lesen. Das mag hilfreich sein, aber es kostet natürlich auch Zeit.

Test 1 – The World of Sport

Erster Prüfungsteil: Hörverstehen

CHECKLISTE zum Hörverstehen

- Was ist das Thema?
- Was sollst du herausfinden?
- Du musst nicht alles verstehen.
- Beim zweiten Hören kontrolliere deine Antworten und fülle Lücken aus.
- Verschenke keine Punkte!

Aufgabe 1: Hörverstehen Teil 1

Do you do sports?

 **Track 5**

You are going to hear what five people think about sport in general and what kind of sport they like.

AUFGABEN

- First read the statements.
- Then listen to the texts.
- Fill the gaps or give short answers.

TIPP

Benutze zuerst einen Bleistift. Dann ist es einfacher, Fehler zu berichtigen.
Wenn du fertig bist, kannst du deine Antworten schnell mit dem Füller nachschreiben.

1 Speaker 1: Name two reasons why she doesn't do sports anymore:

____

2 Speaker 2: He goes to the gym to keep fit even though he isn't _______________________________.

3 Speaker 3: Sports play a big part in his life, because per week he has _______________________

and on the weekends he has ____________________ and _______________________________.

4 Speaker 4: Name the reason why he got his first own TV:

____

5 Speaker 5: She hates sports on TV because ______________________________ and she dislikes

soccer because ____________________________.

TIPP

Denk daran, dass du dich pro Text maximal auf eine Aussage konzentrieren musst. Der Rest ist hier für die Frage unwichtig.

LÖSUNGSHILFEN

Hier musst du zu jedem Sprecher eine Aussage ergänzen oder eine kurze Antwort zu der Aussage finden. Du kannst zuerst die Aufgabe lesen und dir markieren, wonach gefragt wird. Beim ersten Sprecher musst du z. B. zwei Gründe nennen, warum sie keinen Sport mehr macht.

TIPP

Die Fragen werden immer in der Reihenfolge gestellt, wie die Informationen im Text vorkommen.

Schreibe beim ersten Hören deine Lösungen nur schwach, z. B. mit Bleistift. Schreibe die Lösung erst beim zweiten Hören deutlich auf.

Aufgabe 2: Hörverstehen Teil 2

An unsual sport

 Track 6

You are going to hear an interview about David and an "unusual" sport.

AUFGABEN

- First read the questions below.
- Then listen to interview.
- Choose the right answer.
- There is only one correct answer per question.

1 David is _____________________ years old.

2 He is the sports personality of …
a) the year. ☐
b) the month. ☐
c) his town. ☐
d) week. ☐

3 David's _____________________ got him interested in handball.

4 There are _____________________ teams from London.

5 The level of handball in Britain is …
a) better than in other European countries. ☐
b) as good as in other European countries. ☐
c) not as good as in other European countries. ☐
d) better than in the rest of the world. ☐

6 In the future, David wants to …
a) play for a London club. ☐
b) play for a foreign club. ☐
c) play for the England team. ☐
d) stop playing. ☐

Zweiter Prüfungsteil: Leseverstehen – Wortschatz – Schreiben

Aufgabe 3: Leseverstehen – *Anfield's Kop*

The text about is about the history of the famous fan area in Liverpool's football stadium.

AUFGABEN

- First read the text.
- Then do the tasks **1–7**.

Anfield's Kop

If you want to see Liverpool football, you have to go to the stadium at Anfield Road. Every year, thousands of supporters from all over the world, as well as from every corner of England, visit the town to see the "Reds" play and enjoy the unique atmosphere created especially by the fans in the part of the stadium called the 'Kop'. Just reading the word 'Kop' in England, one directly thinks of Liverpool Football Club: this part of the stadium seems as famous as the club itself. Football fans immediately connect the word to images of red flags and scarves held up high to the song "You'll Never Walk Alone". "Reds" supporters will tell you about the great Premiere League or Champions League nights in which the 'Kop' served as a twelfth man, with a whole sea of people wearing red dancing and celebrating when Liverpool scored.

The 'Kop', however, is not only in Liverpool. Football teams from Blackpool, Sheffield or Birmingham have stands with the same name. So what makes a stand in a stadium become a 'Kop'? Why do English football fans call it that? Although there is no real definition of a 'Kop', you can probably see it as the area of the stadium behind one of the goals where the staunchest[1] fans are gathered and the loudest chants are heard. To explain the name 'Kop' though, we have to go back in time to around 1900 in South Africa. In that already alarming time, gold and diamonds were found and the British Empire and Dutch settlers fought over these riches in the "Boer War". Historians believe it was the Boer War that made Ghandi develop his idea of passive, non-violent resistance[2]. Many people died in that war and one of the bloodiest battles was in 1900, when the two sides fought on a hill called "Spion Kop". From then on,

30 the term 'Kop' was used more and more often to talk about hills in England. Viewed from the football field itself, many stadiums rise from the ground like hills, so it wasn't long before people began to ask how many fans would fit on that "hill" or that 'Kop' in a stadium or how loud certain 'Kops' were in some games. So the word 'Kop' established itself as part of English football,
40 and today it is connected to great games with an impressive atmosphere. With more people following football, it is important, though, that fans understand what the word once meant and where it came from.   (421 Wörter)

Annotations

1 staunch – loyal, faithful, unchanging

2 non-violent resistance – passiver/gewaltloser Widerstand

AUFGABEN

- For tasks **1**, **3** and **6** decide if the statements are true or false and tick the correct box. Then finish the sentences. You can quote from the text.
- For task **2**, **5** and **7** tick the correct box and finish the sentences. You can quote from the text.
- For task **4** fill in the information.

1 The 'Kop' is important for the stadium in Liverpool.
This statement is
a) true   ☐
b) false   ☐
because the text says

____

2 What do football fans think of when they hear the name 'Kop'?
a) They have to walk alone.   ☐
b) They think of many Liverpool fans singing.   ☐
c) They think of the city of Liverpool.   ☐
because the text says

____

3 You can only see 'the Kop' in Liverpool.
This statement is
a) true   ☐
b) false   ☐
because the text says

____

4 Explain what makes a 'Kop' so special in a football stadium. Give two example from the text:

a) ____

b) ____

5 In 1900 in South Africa …
a) there was war between the British and Dutch settlers. ☐
b) Ghandi developed passive resistance. ☐
c) Ghandi found gold and diamonds. ☐
because the text says

____

6 The 'Kop' was an important hill in the war.
This statement is
a) true ☐
b) false ☐
because the text says

____

7 Why is the term 'Kop' used in English football?
a) It is as loud as the battle was. ☐
b) English fans like to talk about hills. ☐
c) Stadium stands look like hills. ☐
because the text says

____

LÖSUNGSHILFEN

Dies ist ein langer Text. Aber: Die Aufgaben zum Leseverstehen zielen nie auf den gesamten Inhalt und alle Wörter des Textes. Daher ist es wichtig, dass du zunächst das Hauptthema *(main message)* des Textes erkennst und du dich nicht von einzelnen unbekannten Vokabeln verunsichern lässt.
Sobald du das Thema des Textes erkannt hast, solltest du dir die Fragen zum Text durchlesen und wichtige Bezüge unterstreichen, die du dann im Text suchst.

1 Zunächst musst du beantworten, ob ‚Kop' eine wichtige Bedeutung für den Liverpool FC besitzt. Diese Info kannst du entweder über die besondere Atmosphäre herausarbeiten (siehe Text) – du kannst das aber auch aus der Überschrift und der ersten Zeile schließen. Das Stadium steht an der Anfield Road (Zeile 1) und die Überschrift heißt „Anfield's Kop" – hieraus ergibt sich bereits eine Bedeutung von ‚Kop'.

2 Nachdem du erkannt hast, was genau ein ‚Kop' ist (nämlich eine Fantribüne), ergibt nur Antwortmöglichkeit b) Sinn – weder alleine zu gehen noch Liverpool als Stadt sind eine sinnvolle Antwort.

3 Hier ist die Verbindung der Wörter „Liverpool", „Kop" und „only" entscheidend – suche nach genau dieser Kombination von Wörtern in einem Satz und du wirst ihn in der ersten Hälfte des Textes finden, nur dass im Text „**not** only" steht.

4 Hier wird nach der Bedeutung von einem ‚Kop' gefragt – also was genau macht diese Tribüne so besonders. Im Text gibt es eine Passage, die damit anfängt, wie ‚Kop' definiert werden könnte: Das sind dann die geforderten Begriffe.

5 Der Satz gibt dir durch die einleitenden Worte („1900", „South Africa") genau vor, wo du im Text suchen musst – finde diese Kombination von Worten (nur einmal vorhanden) und lies den danach folgenden Satz, um die Antwort zu finden.

6 Hier kannst du entweder wieder selektiv nach der Kombination („Kop", „hill", „war") suchen oder du erschließt es aus dem globalen Textzusammenhang (wenn „Kop" unwichtig gewesen wäre, warum wird der Begriff noch immer benutzt?)

7 Die letzte Frage befasst sich mit den letzten Textabschnitten – such im letzten Textabschnitt zu der Verbindung von „Kop", „football stadium", „England".

Aufgabe 4: Wortschatz

Teil 1

Prepositions: A normal match day for the referee

AUFGABEN

- Read the text quickly to get a first idea of what it is about.
- Look at the prepositions and use each word only once.
- There is one more word than you need.

1 Even though I am just the referee, I also need to prepare ___________________ the game.

2 But when I am ___________________ the stadium, I still get a bit nervous.

3 I usually go to the locker room ___________________ my colleagues to get dressed and to give final instructions.

4 We have a ritual of hugging and handshakes when we are ___________________ to step on the field.

5 During the game, I know that fans and players might yell ___________________ me even though very often it is not my mistake.

6 My colleagues often contact me to inform me about things I haven't noticed both on and

___________________ the pitch.

about	at	in	with	for	off	from

LÖSUNGSHILFEN

Die Aufgabenstellung ist klar, aber die vielen Wörter können verwirren, besonders weil beim ersten Lesen auch mehrere Wörter in die gleiche Lücke zu passen scheinen.

Daher füllst du zunächst die Lücken aus, die dir sicher erscheinen und streichst sie unten durch – oftmals verbleiben dann nur noch 2 oder 3 Lücken.

Du kannst die gesamte Aufgabe auch erstmal auslassen, um sie am Schluss nochmal zu bearbeiten. Auch wenn du zum Schluss noch immer unsicher bist oder eventuell Zeitdruck hast, solltest du aber unbedingt alle Lücken füllen – eine leere Lücke kann ja keine Punkte geben!

Teil 2

A normal match day for the fans

• Complete the sentences with **suitable** words.
• Give only **one** solution.

1 Usually before the game starts, you _________________ up with friends and go for some food and drinks.

2 In the pub you can already _________________ some other games or pre-game interviews.

3 About an hour before the _________________ starts, big groups of fans walk to the stadium and block the streets.

4 Once you get to your seat, you can already see the _________________ and referees warming up.

5 During the game some people shout a lot, others like to _________________ their club anthems or other football songs.

6 Depending on how the game went, the whole crowd of fans is either _________________ and frustrated or happy and cheerful.

Die zweite Aufgabe zum Wortschatz kann etwas schwieriger sein, wenn keine Lösungsmöglichkeiten vorgegeben sind. Manchmal ist nur eine bestimmt Wortart gefordert wie z. B. nur Nomen oder Verben. Wenn du das erkennst, hilft dir das schon mal.
In dieser Aufgabe sind alle möglichen Wortarten möglich, dennoch gibt es Tipps, wie man auch solche Aufgaben lösen kann.

1 Bei der ersten Lücke wird nach einem Wort gesucht, dass mit „friends" zu tun hat, mit denen man danach noch etwas unternimmt. Was muss also logisch betrachtet geschehen, bevor du etwas mit Freunden unternehmen kannst? Du musst sie zunächst treffen!

2 Hier scheinen viele Möglichkeiten sinnvoll. Wenn du aber alle Kriterien heranziehst, wird klarer, was gefordert ist. Du suchst ein Wort, das in einem Pub mit anderen Spielen und Interviews zu tun hat – wo können Interviews verfolgt werden? Wenn du darauf kommst, dass das nur über einen Fernseher geht, bist du dem Wort schon sehr nahe.

3 und **4**
Die Lösungen ergeben sich ebenfalls aus dem Kontext. Wann geht man zum Stadium (natürlich um ein Spiel zu sehen) und wer könnte sich vor einem Fußballspiel neben den Schiedsrichtern noch aufwärmen (natürlich die Spieler)?

5 Hier gibt es ein klares Bezugswort, was dir die Lösung bringen könnte – die Phrase „football songs" lässt tatsächlich nur noch eine Wortart zu, besonders weil vor der Lücke ein „to" steht. Dann folgt in der Regel ein Verb.

6 Die Lösung ergibt sich auch aus der parallelen Satzanordnung – nach der Lücke stehen insgesamt 3 Adjektive („frustrated", „happy", „cheerful") – es liegt also nahe, dass du ein 4. Adjektiv finden sollst

und da die letzten beiden positive Gefühle ausdrücken und du aber ein Adjektiv passend zu „frustrated"
(negativ) finden sollst, sucht du also ein negatives Adjektiv.

Aufgabe 5: Schreiben

Here is a message from Peter. You met him online in the European Sports Fan Forum and started
chatting about football and sports in general.

AUFGABEN

- Read the message and write back to Peter.
- Answer all his questions.
- Think of a good start and a good ending to your letter.
- Write at least 100 words.
- Write in full sentences.

TIPP

- Ausgangstext gut durchlesen:
  Worum geht es?
- Vorwissen aktivieren:
  Was weiß ich schon zum Thema?
- Fragen farbig markieren!

Hey ...

How have you been? I talked to my friend Sue about our conversation and we noticed that we don't
know much about German sports at all.

Here in England, we enjoy playing rugby and I know that Sue for instance loves playing netball or going
to her dance lessons. I mean, are these sports popular in Germany?

When it comes to cricket though, I'm out! Many older people like to watch it on TV, but for me it's just
boring. What sports do you like watching on TV or the internet?

You must have many different sports to follow – do you have any sports in Germany you don't like or
that are very special to you guys in Germany?

Sue and I found it funny that you asked about where I go for football practice – at school of course. Most
of our sports courses are organized by our school – is that different in Germany?

By the way – I heard of German sports like biathlon or handball, is that really a thing in Germany?

Well – that's it for today. Write back soon.

Take care

Peter

- bei Briefen Anrede und Begrüßung beachten
- Einleitung schreiben
- **alle** Fragen beantworten
- Du musst nicht die Wahrheit sagen! Wichtig ist aber: Schreibe etwas, das die Frage beantwortet.
- ein bis zwei Fragen ausführlicher beantworten
- einen guten Abschluss finden
- bei Briefen: verabschieden

LÖSUNGSHILFEN

Was ist gefordert?

Du hast in einem Fan-Forum für Sport Kontakt zu Peter aus England. Es geht also um den Inhalt „Sport" in England und in Deutschland – sobald du Fragen entdeckst, solltest du diese markieren, denn sie sind wichtig für den Text, den du schreiben sollst. Wenn du alle Aufträge erledigst, bekommst du alle Inhaltspunkte.

Hier sollst du Fragen beantworten. Suche die Fragen und vergleiche sie gegebenenfalls mit den unten stehenden Tipps:

- Er fragt zuerst, wie es dir geht – darauf solltest du immer eingehen und du solltest diese Frage auch an ihn stellen.

- Danach kommt eine direkte Frage zu mehreren Sportarten. Sind sie in Deutschland verbreitet? Für dich kann der Bezug immer daran hängen, ob du selber die Sportarten betreibst, du sie im Sportunterricht kennengelernt hast oder bereits im Fernsehen gesehen hast.

- Die generelle Frage, welche Sportarten du gerne anschaust (3. Frage), musst du natürlich nicht ehrlich beantworten. Wenn du dich selbst nicht für Sport interessierst, beziehe dich auf Großereignisse wie eine Fussball-WM, Olympische Spiele oder überlege, was einige deiner Freunde dazu schreiben könnten. Natürlich kannst du auch „ehrlich" antworten, dass du Sport ungern im Fernsehen oder im Internet anschaust.

- Die 4. Frage beinhaltet eigentlich 2 Fragen: Welche Sportarten magst du nicht und welche Sportarten sind besonders populär in Deutschland – beide Fragen solltest du kurz beantworten.

- Die nächste Frage bezieht sich auf die Organisation von Sport in Deutschland – in England wird Sport oft von den Schulen angeboten. Das ist in Deutschland anders, da man nachmittags zu Sportvereinen geht. (Auch hier: Selbst wenn du davon nicht betroffen bist, gleiche deine Antwort mit den Erfahrungen deiner Freunde ab.)

- Zuletzt wird spezifisch nach zwei deutschen Sportarten gefragt (Biathlon und Handball): Hier kannst du entweder Bezug zu einer von beiden nehmen oder auch erklären, dass es zwar übertragen wird, aber du es persönlich nicht verfolgst.

Hello Peter,

Hast du deinen Brief auch vernünftig beendet?

Nun kontrolliere deinen Brief noch einmal sorgfältig:
- Hast du alle Fragen beantwortet?
- Hast du auf Rechtschreibung geprüft?
- Hast du auch keine Wörter vergessen?

Wenn du dir sicher bist, dass du alles hast, schau dir alle Aufgaben des zweiten Prüfungsteils noch einmal an:
- Hast du noch etwas ausgelassen?
- Fällt dir jetzt vielleicht noch eine Lösung ein, auf die du vorher nicht gekommen bist?

Erst wenn du alles sorgfältig geprüft hast, legst du deinen Stift beiseite. Schau auf die Uhr und notiere dir, wie lange du insgesamt gebraucht hast. Trage es in die Tabelle auf Seite 46 ein.

Auswertung

Nun kannst du im Lösungsteil nachsehen, wie gut du zurechtgekommen bist. Trage die Punkte unten in die Tabelle ein. Dann bekommst du einen guten Überblick:

Erster Prüfungsteil: Hörverstehen
- pro richtiger Lösung 1 Punkt

Zweiter Prüfungsteil: Leseverstehen
- Für jedes richtige Ankreuzen und für jedes richtige Beispiel gibt es einen Punkt.
- Für eine richtige Begründung nach "because the text says" bekommst du zwei Punkte.
- Sprachliche Fehler führen nicht zum Punktabzug, solange deine Aussage verständlich und inhaltlich richtig ist.

Zweiter Prüfungsteil: Wortschatz
Der Wortschatz wird in sogenannten Bewertungseinheiten (BE) gemessen. Jede inhaltlich richtige Antwort gilt als richtig. Es gibt keinen Punktabzug bei sprachlichen Fehlern!
- in der ersten Wortschatzaufgabe pro richtiger Lösung 1 BE
- in der zweiten Wortschatzaufgabe pro richtiger Lösung 2 BE
- Die Beispiellösungen zählen auch!
also:

Wortschatzaufgabe 1	6 BE
Wortschatzaufgabe 2	12 BE
Wortschatz insgesamt	18 BE

Diese Bewertungseinheiten werden dann in Punkte umgewandelt. Das geht so:

Bewertungseinheiten (BE) = Punkte									
18 – 17	16 – 15	14 – 13	12 – 11	10 – 9	8 – 7	6 – 5	4 – 3	2 – 1	0
= 9	= 8	= 7	= 6	= 5	= 4	= 3	= 2	= 1	= 0

Zweiter Prüfungsteil: Schreiben

Die Schreibaufgabe wird unter drei Aspekten bewertet. Diese sind: Inhalt, Ausdrucksvermögen und sprachliche Korrektheit.

Inhalt:

Für jede korrekt beantwortete Frage kannst du bis zu zwei Punkte bekommen. Das geht so:
- Ist die Antwort angemessen, also richtig und vollständig: 2 Punkte
- Ist die Antwort unvollständig, zu knapp oder zu oberflächlich: 1 Punkt
- Fehlt die Antwort oder ist sie falsch: 0 Punkte

Du musstest insgesamt 7 Fragen beantworten:

Frage	deine Punkte
How have you been?	
Are they popular in Germany?	
What sports do you like watching on TV?	
What sports don't you like?	
What sports are special in Germany?	
Don't you do sports at school in Germany?	
Are handball/biathlon big sports in Germany?	
Gesamtpunktzahl von 14:	

Teile nun deine Gesamtpunktzahl durch 2. Insgesamt kannst du 7 Inhaltspunkte erlangen – 2 weitere, wenn der Text ordentlich eingeleitet und auch beendet ist.

2 zusätzliche Punkte bekommst du bei besonders ausführlicher Beantwortung – insgesamt können aber nicht mehr als 10 Punkte erreicht werden.

Ausdrucksvermögen:

Pro Kriterium sind 2 Punkte möglich (d. h. du kannst zwei, einen oder auch gar keinen Punkt bekommen). Es gelten folgende Kriterien:

1	Hast du einen verständlichen und gut lesbaren Text geschrieben?
2	Hast du in ganzen Sätzen geschrieben?
3	Hast du auch einige Sätze geschrieben, die aus mehreren Teilsätzen bestehen? (Hast du also *linking words* verwendet, wie z. B. *because, that, if*?)

| 4 | Hast du z. B. in einem Brief oder in einer E-Mail an die Anrede, die Begrüßung und die Schlussformel gedacht? |
| 5 | Hast du daran gedacht, dass der Empfänger deines Textes kein Deutsch versteht? (Hast du also keine deutschen Wörter verwendet?) |

Das ergibt insgesamt höchstens 10 Punkte.

Sprachliche Korrektheit:
Auch hier wird weiter unterteilt, nämlich in Rechtschreibung, Grammatik und Wortschatz. Für jeden Teilaspekt gibt es maximal 2 Punkte. Das geht ungefähr so:

Hast du wenige Fehler gemacht, sodass dein Text trotz der Fehler recht gut zu lesen ist?	2 Punkte
Hast du doch einige Fehler gemacht? Versteht man vielleicht nicht alles ganz klar?	1 Punkt
Hast du sehr viele Fehler gemacht, sodass es ziemlich schwierig ist, deinen Text zu verstehen?	0 Punkte

Das ergibt insgesamt höchstens 6 Punkte.

CHECKLISTE Bewertung

Aufgabe	Punkte	deine Punkte
Hörverstehen	**11**	
Teil 1	(5)	
Teil 2	(6)	
Leseverstehen	**20**	
Wortschatz	**9**	
Schreiben	**26**	
Inhalt	(10)	
Ausdrucksvermögen	(10)	
Sprachliche Korrektheit	(6)	
Gesamtpunktzahl	**66**	

Nun schau dir die Notentabelle an und finde heraus, welche Note du erhalten hättest:

CHECKLISTE Notentabelle

66 – 57	sehr gut
56 – 45	gut
44 – 34	befriedigend
33 – 28	ausreichend
27 – 13	mangelhaft
12 – 0	ungenügend

Deine Note: _______________________________

Bist du mit deiner Note zufrieden? Mach dir keine Sorgen, wenn es noch nicht so gut geklappt hat. Schließlich war das der erste Test. Du hast noch genug Zeit, dich zu verbessern.

Angeleiteter Test 2 – School and Free Time: Vorbereitung

1. Zeit Ich habe genug Zeit, um den Test zu bearbeiten:		☐
für den ersten Prüfungsteil		☐
Hörverstehen	(20 Minuten)	☐
für den zweiten Prüfungsteil	(etwa 60 bis 80 Minuten)	☐
Leseverstehen	(25 bis 30 Minuten)	☐
Wortschatz	(10 bis 20 Minuten)	☐
Schreiben	(30 bis 40 Minuten)	☐
für die Kontrolle und Auswertung	(etwa 5 bis 10 Minuten)	☐
2. Arbeitsplatz Ich kann hier in Ruhe arbeiten.		☐
3. Material Ich habe:		☐
eine Uhr (möglichst mit Weckfunktion)		☐
meine Schreibmaterialien (Bleistift, Radiergummi, Füller, Textmarker, Lineal)		☐
für das Hörverstehen: Zugang zum Internet und zur Seite finaleonline.de		☐
wenn du möchtest, auch ein Wörterbuch (aber nur für Notfälle, denn in der Prüfung musst du ohne auskommen)		☐

Zeitplanung und Zeitkontrolle

Trage in die Tabelle ein, wie viel Zeit du pro Aufgabenteil einplanst. Die Checkliste hilft dir dabei. Du könntest aber auch nachschauen, wie viel Zeit du beim letzten Test gebraucht hast. Du kannst die Zeiten als Richtwerte benutzen.

Versuche, mit weniger Zeit auszukommen als beim letzten Mal. Wenn du z. B. letztes Mal 120 Minuten brauchtest, könntest du dir 110 Minuten vornehmen.

Wenn du den letzten Test in 90 Minuten geschafft hast, solltest du nicht versuchen, das zu unterbieten. Dann halte dich ganz einfach an die Zeitvorgaben im Tipp.

TIPP zur Zeiteinteilung

Erster Teil (Hören): 20 Minuten
Zweiter Teil: 70 Minuten
– Lesen: 20 Minuten
– Wortschatz: 10 Minuten
  (je 5 Minuten pro Aufgabe)
– Schreiben: 35 Minuten
– Kontrolle: 5 Minuten

	geplante Zeit	**benötigte Zeit**
Hörverstehen		
Lesen		
Wortschatz		
Schreiben		
Gesamtzeit		

Auswertung Test 2

Ich lag gut in der Zeit. ☐
Ich brauchte nicht mehr als 100 Minuten. ☐
Ich habe es gerade so geschafft. ☐
Ich brauchte mehr Zeit, als ich eingeplant hatte. ☐

Diese Aufgabenteile habe ich schnell lösen können: _______________________

Für diese Aufgabenteile habe ich sehr viel Zeit gebraucht: _______________________

Angeleiteter Test 2 – School and Free Time

Erster Prüfungsteil: Hörverstehen

Aufgabe 1: Hörverstehen Teil 1

Announcements

 **Track 7**

You are going to hear five short texts.

AUFGABEN

- First read the statements below.
- Then listen to the texts and complete the statements.

TIPP

Für jeden Text überlege:
- Was ist das Thema?
- Was sollst du herausfinden?
- Was für eine Information erwartest du?

1 You are at the station and want to go to London. You are going to hear an announcement.

The train arrives at platform ____.

2 As you leave the station in London, you hear someone advertising a sightseeing tour.

A ticket for the open-top bus tour costs £ ________________________ for a 16-year-old.

3 You are at school with your English friend when you hear an announcement about the school play on the school's intercom.
The audition for the school play is ____.

4 Shortly afterwards you hear another announcement on the school's intercom.

The two boys have to go to ____.

5 At the airport you hear an announcement about a delayed flight.

The flight to Mallorca is late because of ____.

Hier geht es wieder um selektives Hörverstehen. Aus der Aufgabenstellung ergibt sich für jede Ansage eine bestimmte Situation. Wenn du sie erkannt hast, überlege, welche Informationen du hören könntest, und merke dir gut, welche Information du brauchst. Was für Begriffe erwartest du?

1 "platform" = Gleis: Du erwartest also eine Zahl, vielleicht mit einem Buchstaben am Ende.

2 £: Du brauchst einen Preis, und zwar für einen 16-Jährigen.

3 "The audition (Probe) is …": Hier musst du ein Datum oder einen Wochentag eintragen! Kannst du die Uhrzeit auch verstehen?

4 Wo müssen die zwei Jungen hingehen? Was kann man hier erwarten?

5 Warum hat ein Flug Verspätung?

Aufgabe 2: Hörverstehen Teil 2

Welcome to The Hayesbrook School

 **Track 8**

You are going to hear some information about The Hayesbrook School in Tonbridge.

- First read the statements.
- Then listen to the texts.
- Fill the gaps or give short answers.

1 The Hayesbrook School is only for ____.

2 How long are the lessons? ____.

3 The Hayesbrook School has partner schools in different countries. Name three:

____

4 Students at The Hayesbrook School are expected to wear the school uniform. What are they not allowed to wear? Name three things:

____

Bei dieser Aufgabe geht es um selektives Hörverstehen. Du musst dich also nur auf bestimmte Schlüsselwörter konzentrieren.
Hast du diese markiert?

TIPP

Die Fragen werden immer in der Reihenfolge gestellt, wie die Informationen im Text vorkommen.

1 "for"
2 "lessons"
3 "partner schools in"
4 "school uniform – not allowed":
Es geht also um Schulkleidung. Sicher weißt du schon, dass es an britischen Schulen meistens Schuluniformen gibt. Es geht hier jedoch nicht um die Schuluniform, sondern um Kleidungsstücke, die eben nicht erlaubt sind. Welche Kleidungsstücke kannst du heraushören, die nicht getragen werden dürfen?

Zweiter Prüfungsteil: Leseverstehen – Wortschatz – Schreiben

Aufgabe 3: Leseverstehen – *Holidays*

This article is about the ProActive Adventure Centre.

AUFGABEN

- First read the text quickly to get an overall idea.

ProActive Adventure

1.

ProActive Adventure is an outdoor activity centre in the beautiful North Wales town of Llangollen, home of the International Eisteddfod. The company has many years of experience of providing outdoor programmes to schools and other youth groups. All our instructors are highly motivated, professionally qualified and widely experienced leaders. They all hold First Aid certificates. 5

2.

We are based at Tyn Dwr Hall. The centre is a fantastic old country house, situated in historic woodlands. It has room for up to 72 visitors and can offer a range of accommodation from a Yurt Camp to single or four bed en-suite rooms. The cost of accommodation is very reasonable and ideal for school activity trips. The centre also has several classrooms and IT facilities as well 10 as a games room, a shop and picnic areas. The centre has disabled facilities but only for limited numbers.

3.

There is a full range of activities on offer from which you can choose. They can be undertaken as half or full day sessions. Most schools choose to do one

15 activity in the morning and another in the afternoon. Evening sessions are
also available.

4.

At our Llangollen centre we can offer a range of on-site activities and team
development challenges. On the Climbing & Abseiling Tower you can learn
new climbing skills and try abseiling. This is great for an introduction to the
20 sport or as a group activity, very popular with our school visitors. We also
have a specially built BMX circuit and a High Ropes Course where you can
test your nerve on the high abseil platform. There are a number of challenges
high among the trees. This is a great team activity that involves everyone.
Did you know that the longbow was invented in Wales? At our centre you
25 have the chance to try this ancient skill at our archery range. Of course, we
also offer a number of challenges to help develop your team skills, or if you
prefer they can be just for fun.

5.

Naturally, you can also enjoy many different outdoor activities such as hill
walking, mountain biking, rock-climbing and abseiling. Depending on the
30 age group and level of ability these activities will vary in difficulty from easy
for beginners to challenging for the experienced. If you like water sports, you
can opt for kayaking or Canadian canoeing and explore nearby lakes, rivers
and the scenic canals of North Wales. If you prefer expeditions with overnight
camping, this can also be arranged.

6.

35 However, if you like real adrenalin water sport, then white water rafting is
for you. We offer sessions at the national white water centre for Wales near
Bala. Sessions are two hours long. Another popular but challenging activity
is Gorge Walking/Gorge Climbing. Gorge Walking is what your mother told
you not to do in rivers: jumping off waterfalls, gorge climbing, abseiling down
40 cliffs into plunge pools, sliding down rocks and most of all getting wet!

7.

Teachers are welcome to arrange pre-visits. We also provide a teacher pre-visit
information pack which includes useful information. For bookings & general
queries regarding our outdoor activity centre & our wide range of outdoor
activities please contact us through the enquiry form on www.proactive-
45 adventure.com or call our Head Office on 01588 630123.

Quelle: www.proactive-adventure.com

AUFGABEN

- Find the right heading for each paragraph and write it in the box.
- Be careful! There are more headings than paragraphs.

Headings:
Accommodation
Activity sessions
BMX fun
Contacts
For extra-wet adventures
On-site activities
Outdoor activities
Who and where we are

AUFGABEN

- For tasks **1–2 and 5** decide if the statements are true or false and tick the correct box.
  Then finish these sentences. You can quote from the text.
- For task **3** tick **one** correct box and finish the sentence. You can quote from the text.
- For task **4** finish the information.

1 Outdoor and indoor activities can be booked at the centre.
This statement is
a) true ☐
b) false ☐
because the text says

____

2 The instructors are well trained and reliable.
This statement is
a) true ☐
b) false ☐
because the text says

____

3 Can handicapped people stay at the centre?
a) Handicapped people can stay at the centre in large numbers. ☐
b) Handicapped people can stay at the centre but only up to a defined number. ☐
c) Handicapped people cannot stay at the centre. ☐
because the text says

____

4 The area of the ProActive Adventure Centre is quite large. How do we know?
   Give two examples from the text.

____

____

5 The participants have to leave the site for some activities.
This statement is
a) true   ☐
b) false   ☐
because the text says

____

Mit einer Ausnahme geht es bei den Fragen darum, gezielt nach Informationen zu suchen. Falls du die Ausnahme, nämlich Frage 4, nicht als solche erkannt hast, überlege hier noch einmal genau, wie du die Frage beantworten würdest und warum deine Antwort so lautet.
Nun bekommst du einige Hinweise zu den einzelnen Fragen.

1 Der erste Absatz beantwortet die Frage. Zur Sicherheit kannst du aber auch noch einmal die einzelnen Aktivitäten durchgehen.

2 Du musst die Stelle finden, wo es um die Übungsleiter geht, nämlich am Ende des ersten Absatzes. Dann müsste die Antwort klar sein.

3 Du kennst sicher das Problem, dass manchmal Orte und Einrichtungen nicht behindertengerecht sind. Welche Auskunft gibt der Text am Ende des zweiten Absatzes?

4 Dies ist die Frage, zu der du keine direkte Antwort an einer bestimmten Stelle findest, weil die Größe nirgendwo beschrieben wird. Hier musst du aus dem, was über das Zentrum gesagt wird, auf seine Größe schließen. Informationen, die das zulassen, finden sich im 2. und 4. Absatz.

5 Die wesentlichen Informationen gibt Absatz 5.

Aufgabe 4: Wortschatz

School exchange

- Complete the following sentences with words from the boxes below.
- Use each word only once.
- There is one more word than you need.

with	on	about	by	to	from	for

1 Every year, 25 students _______________________________ their German partner school come to Queen's High School in Dunedin.

2 They stay _______________________________ their host family for a week.

3 They go _______________________________ school with their exchange partner.

4 Dunedin was partly built _______________________________ Scottish settlers.

5 After school we all hike to Sandfly Bay and go _______________________________ a swim.

6 The exchange is always a hit and everyone learns a lot _______________________________ life in New Zealand.

Wenn du die vorgegebenen Lösungswörter kennst, fällt dir diese Aufgabe bestimmt nicht schwer.
Hier eine kleine Vokabelhilfe:
host family = Gastfamilie
settlers = Siedler
hike = wandern

School exchange – what to do?

AUFGABEN

- Make a list of interesting things and places for a school exchange.
- Write down 8 different words.

TIPP

- Achte auf die Rechtschreibung!
- Fang mit den Wörtern an, bei denen du dir absolut sicher bist!
- Du musst nicht mehr als 8 Wörter schreiben!

ZOO _______________________________________

_______________________________________   _______________________________________

_______________________________________   _______________________________________

_______________________________________   _______________________________________

_______________________________________   _______________________________________

Aufgabe 5: Schreiben

Here is a letter from Nick, your English exchange partner.

AUFGABEN

- Read the letter and write back to Nick.
- Answer all his questions.
- Think of a good start and a good ending to your letter.
- Write at least 100 words.
- Write in full sentences.

TIPP

- Ausgangstext gut durchlesen: Worum geht es?
- Vorwissen aktivieren: Was weiß ich schon zum Thema?
- Fragen farbig markieren!

Hello ...,

My name is Nick and I'm your exchange partner. I'm fifteen years old and I live in Longfield. I'm so happy to be on the exchange. I have never been to Germany and I can't wait to go.

When you come to stay with us, you will have your own room. There are four of us in the family: my father, my mother, my little sister Jessie and me. We have a dog called Rover. He is a very friendly dog. Do you you like dogs?

Tell me about your school and your school day. Which subjects do you like and what are you good at? What do you do in your free time?

Mum wants to know what food you like and what you don't like.

That's all for today. Write back soon.

See you,
Nick

LÖSUNGSHILFEN

Du solltest markiert haben:

– "Do you you like dogs?"
– "Tell me about your school and your school day."
  Das sind keine direkten Fragen, aber du musst
  dazu etwas schreiben.
– "Which subjects do you like and what are you good
  at?" Das sind zwei Fragen.
– "What do you do in your free time?"
– Zum Schluss will die Mutter etwas wissen:
  " … What food do you like … " und "… what you don't
  like …" Auch dazu kannst du sicher leicht etwas
  schreiben.

TIPP

• Anrede und Begrüßung beachten
• Einleitung schreiben
• alle Fragen beantworten
• Du musst nicht die Wahrheit sagen! Hauptsache
  ist, dass du etwas schreibst, das die Frage beantwortet.
• ein bis zwei Fragen ausführlicher beantworten
• einen guten Abschluss finden
• verabschieden

Hi Nick,

____

____

____

____

____

____

____

____

____

____

____

LÖSUNGSHILFEN

Hast du deine E-Mail auch vernünftig beendet?

Nun kontrolliere deine E-Mail noch einmal sorgfältig:
- Hast du alle Fragen beantwortet?
- Hast du auf Rechtschreibung geprüft?
- Hast du auch keine Wörter vergessen?

Wenn du dir sicher bist, dass du alles hast, schau dir alle Aufgaben des zweiten Prüfungsteils noch einmal an:
- Hast du noch etwas ausgelassen?
- Fällt dir jetzt vielleicht noch eine Lösung ein, auf die du vorher nicht gekommen bist?

Erst wenn du alles sorgfältig geprüft hast, legst du deinen Stift beiseite. Schau auf die Uhr und notiere dir, wie lange du insgesamt gebraucht hast. Trage es in die Tabelle auf Seite 62 ein.

Auswertung

Bevor du mit der Auswertung beginnst, trage in die Tabelle auf Seite 62 ein, wie viel Zeit du für die einzelnen Aufgaben benötigt hast.

Nun sieh im Lösungsteil nach, wie gut du zurechtgekommen bist. Trage die Punkte unten in die Tabelle ein.

Erster Prüfungsteil: Hörverstehen
- pro richtiger Lösung 1 Punkt

Zweiter Prüfungsteil: Leseverstehen
- Für jedes richtige Ankreuzen gibt es einen Punkt.
- Ebenso gibt es jeweils einen Punkt, wenn du ein richtiges Beispiel aus dem Text zitierst.
- Für eine richtige Begründung nach "because the text says" bekommst du zwei Punkte.
- Sprachliche Fehler führen nicht zum Punktabzug, solange deine Aussage verständlich und inhaltlich richtig ist.

Zweiter Prüfungsteil: Wortschatz
Der Wortschatz wird in sogenannten Bewertungseinheiten (BE) gemessen. Jede inhaltlich richtige Antwort gilt als richtig. Es gibt keinen Punktabzug bei sprachlichen Fehlern!
- in der ersten Wortschatzaufgabe pro richtiger Lösung 1 BE
- in der zweiten Wortschatzaufgabe pro richtiger Lösung 2 BE
also:

Wortschatzaufgabe 1	6 BE
Wortschatzaufgabe 2	16 BE
Wortschatz insgesamt	22 BE

Diese Bewertungseinheiten werden dann in Punkte umgewandelt. Das geht so:

Bewertungseinheiten (BE) = Punkte									
22 – 21	20 – 19	18 – 17	16 – 15	14 – 13	12 – 10	9 – 7	6 – 4	3 – 1	0
= 9	= 8	= 7	= 6	= 5	= 4	= 3	= 2	= 1	= 0

Für den Wortschatzteil kannst du also insgesamt 9 Punkte bekommen.

Zweiter Prüfungsteil: Schreiben
Die Schreibaufgabe wird unter drei Aspekten bewertet. Diese sind: Inhalt, Ausdrucksvermögen und sprachliche Korrektheit.

Inhalt:
Für jede korrekt beantwortete Frage kannst du bis zu zwei Punkte bekommen. Das geht so:
- Ist die Antwort angemessen, also richtig und vollständig: 2 Punkte
- Ist die Antwort unvollständig, zu knapp oder zu oberflächlich: 1 Punkt
- Fehlt die Antwort oder ist sie falsch: 0 Punkte

Du musstest insgesamt 10 Fragen beantworten:

Frage	deine Punkte
Do you like dogs?	
Tell me about your school. (What is your school like?)	
Tell me about your school day. (What do you do at school?)	
Which subjects do you like?	
What are you good at?	
What do you do in your free time?	
Mum wants to know what food you like. (What food do you like?)	
Mum wants to know what (food) you don't like. (What don't you like?)	
Gesamtpunktzahl von 16:	

Teile nun deine Gesamtpunktzahl durch 2. Dann kannst du maximal 8 Punkte haben.

2 Punkte kannst du auch bekommen, wenn du deinen Text ordentlich einleitest und auch beendest.

Außerdem kannst du noch 2 Punkte zusätzlich bekommen, wenn du eine oder mehrere Fragen besonders ausführlich beantwortest. **Allerdings kannst du nicht mehr als 10 Punkte insgesamt erhalten!**

Ausdrucksvermögen:
Pro Kriterium sind 2 Punkte möglich (d.h. du kannst zwei, einen oder auch gar keinen Punkt bekommen). Es gelten folgende Kriterien:

1	Hast du einen verständlichen und gut lesbaren Text geschrieben?
2	Hast du in ganzen Sätzen geschrieben?
3	Hast du auch einige Sätze geschrieben, die aus mehreren Teilsätzen bestehen? (Hast du also *linking words* verwendet, wie z. B. *because, that, if*?)
4	Hast du z. B. in einem Brief oder in einer E-Mail an die Anrede, die Begrüßung und die Schlussformel gedacht?
5	Hast du daran gedacht, dass der Empfänger deines Textes kein Deutsch versteht? (Hast du also keine deutschen Wörter verwendet?)

Das ergibt insgesamt höchstens 10 Punkte.

Sprachliche Korrektheit:

Auch hier wird weiter unterteilt, nämlich in Rechtschreibung, Grammatik und Wortschatz. Für jeden Teil-aspekt gibt es maximal 2 Punkte. Das geht ungefähr so:

Hast du wenige Fehler gemacht, sodass dein Text trotz der Fehler recht gut zu lesen ist?	2 Punkte
Hast du doch einige Fehler gemacht? Versteht man vielleicht nicht alles ganz klar?	1 Punkt
Hast du sehr viele Fehler gemacht, sodass es ziemlich schwierig ist, deinen Text zu verstehen?	0 Punkte

Das ergibt insgesamt höchstens 6 Punkte.

CHECKLISTE Bewertung

Aufgabe	Punkte	deine Punkte
Hörverstehen	**11**	
Teil 1	(5)	
Teil 2	(6)	
Leseverstehen	**17**	
Wortschatz	**9**	
Schreiben	**26**	
Inhalt	(10)	
Ausdrucksvermögen	(10)	
Sprachliche Korrektheit	(6)	
Gesamtpunktzahl	**63**	

63 – 56	sehr gut
55 – 46	gut
45 – 36	befriedigend
35 – 27	ausreichend
26 – 11	mangelhaft
10 – 0	ungenügend

Deine Note: _______________________________

Toll wäre es, wenn du dich im Gegensatz zum ersten Test verbessern konntest. Es kann aber auch ein gutes Zeichen sein, wenn du die Note halten konntest oder vielleicht der nächsthöheren Note ein wenig näher gekommen bist.

Angeleiteter Test 3 – The Media: Vorbereitung

1. Zeit Ich habe genug Zeit, um den Test zu bearbeiten:		☐
für den ersten Prüfungsteil		☐
Hörverstehen	(20 Minuten)	☐
für den zweiten Prüfungsteil	(etwa 70 Minuten)	☐
Leseverstehen	(20 bis 30 Minuten)	☐
Wortschatz	(10 bis 20 Minuten)	☐
Schreiben	(30 bis 40 Minuten)	☐
für die Kontrolle und Auswertung	(etwa 10 bis 15 Minuten)	☐
2. Arbeitsplatz Ich kann hier in Ruhe arbeiten.		☐
3. Material Ich habe:		☐
eine Uhr (möglichst mit Weckfunktion)		☐
meine Schreibmaterialien (Bleistift, Radiergummi, Füller, Textmarker, Lineal)		☐
für das Hörverstehen: Zugang zum Internet und zur Seite finaleonline.de		☐
wenn du möchtest, auch ein Wörterbuch (aber nur für Notfälle, denn in der Prüfung musst du ohne auskommen)		☐

Zeitplanung und Zeitkontrolle

Trage in die Tabelle ein, wie viel Zeit du pro Aufgabenteil einplanst. Die Checkliste hilft dir dabei. Du könntest aber auch nachschauen, wie viel Zeit du beim letzten Test gebraucht hast. Du kannst die Zeiten als Richtwerte benutzen.

Versuche, mit weniger Zeit auszukommen als beim letzten Mal. Wenn du z. B. letztes Mal 100 Minuten brauchtest, könntest du dir 90 Minuten vornehmen.

Wenn du den letzten Test in 90 Minuten geschafft hast, solltest du nicht versuchen, das zu unterbieten. Dann halte dich ganz einfach an die Zeitvorgaben im Tipp.

TIPP zur Zeiteinteilung

Erster Teil (Hören): 20 Minuten
Zweiter Teil: 70 Minuten
– Lesen: 20 Minuten
– Wortschatz: 10 Minuten
(je 5 Minuten pro Aufgabe)
– Schreiben: 30 bis 40 Minuten

	geplante Zeit	**benötigte Zeit**
Hörverstehen		
Lesen		
Wortschatz		
Schreiben		
Gesamtzeit		

Auswertung Test 3

Ich lag gut in der Zeit. ☐
Ich habe es gerade so geschafft. ☐
Ich brauchte mehr Zeit, als ich eingeplant hatte. ☐

Diese Aufgabenteile habe ich schnell lösen können: ______________________________

Für diese Aufgabenteile habe ich sehr viel Zeit gebraucht: ______________________________

Angeleiteter Test 3 – The Media

Erster Prüfungsteil: Hörverstehen

Aufgabe 1: Hörverstehen Teil 1

Welcome to the AMC Theater

Track 9

You are in the cinema and hear five announcements.

AUFGABEN

- First read the questions below.
- Then listen to the texts and answer the questions.

1 At what time is the film "Julie and Julia" on?
It's on at _______________________________________.

2 How much does a large bag of popcorn cost?
It costs $ _______________________________________.

3 Which film has got an R-rating?
(You have to be at least 18 years old.)

_______________________________ has got an R-rating.

4 How long is the film "Australia"?

It's _______________________________ long.

5 Which day has the special price offer? _______________________________

Aufgabe 2: Hörverstehen Teil 2

Cyber-bullying: One teenager's experience

Track 10

Just over a fifth of children have witnessed a classmate or friend bullied online and the study from the Anti-Bullying Alliance says only a third of those bullied told their parents about the issue. You are going to hear a documentary on a teenager, Sanjit Singh, who was cyber-bullied and now helps others overcome it.

AUFGABEN

- First read the tasks.
- Then listen to the documentary.
- While you are listening, tick the correct box or write down the information needed.

1 What happened to Sanjit Singh?
a) He was cyber-bullied but he got over it.
b) He was beaten up by some schoolmates.
c) He was betrayed by his girlfriend.

2 Someone at his school …
a) hacked his email account and sent numerous fake emails in his name.
b) set up a social media account in his name and created fake images of his face on various other naked images.
c) drew an ugly picture of him and put it up on the notice-board in school.

3 Sanjit's whole class ____.

4 Sanjit hated himself and ____.

5 Even in his cricket team it got worse when _______________________________________.

6 How did Sanjit get active?
a) He told his parents and they reported it to the police.
b) He told his best friend and together they paid them back.
c) He told his cricket coach and the school had the social media site removed.

7 His social media account was deactivated and cleared away but why was this not enough?

____

____

8 Many teenagers today ____.

9 Sanjit's school trains students to become so-called 'cyber-mentors' – what do they do?

____

____

- Now listen to the documentary again and complete your answers.

TIPP

Aufgepasst!
- Nicht immer ist die Antwort so einfach, wie es scheint.
- Manchmal sind die Aussagen im Hörtext anders formuliert.
- Manchmal unterscheiden sich die drei Antworten nur in einem kleinen Detail. Darauf musst du dann besonders achten!

Zweiter Prüfungsteil: Leseverstehen – Wortschatz – Schreiben

Aufgabe 3: Leseverstehen – *Teens in Great Britain and their phones*

This article shows how teenagers in Great Britain use their mobile phones. Some of the results are quite surprising.

TIPP

Das ist ein ziemlich langer Text, der sehr viele Informationen enthält.
- Lass dich nicht verwirren!
- Du musst den Text nicht im Detail verstehen!
- Konzentriere dich auf die Aussagen!

AUFGABEN

- First read the texts.
- Then do tasks **1–7**.
- For tasks **1**, **4 and 5** decide if the statements are true or false and tick the correct box. Then finish the sentences. You can quote from the text.
- For task **2** underline the correct phrases.
- For tasks **3** and **6** choose the correct answer.
- For task **7** finish the information.

Teens in Great Britain and their phones

Every day teenagers are bombarded with messages, pictures and newsfeeds from all around the world. The problem is that children in Great Britain are constantly getting younger when they first have their own mobile phone or use the internet. Almost a third are six or even younger, and often their parents don't look over their shoulder. And the time they spend online gathering 5
information, interacting via social media, or simply playing games and watching videos, is increasing[1] all the time. Almost 40 per cent of 15 year olds use their mobile phones or tablets more than 6 hours a day, which makes them 'extreme internet users'.
At the same time, more and more teenagers experience cyber-bullying or find 10
harmful content on the internet. There are two problems here: On the one hand, the more time a teenager spends online, the more she or he will notice the negative impacts of the internet, and on the other hand teenagers are often not really prepared to deal with this – they are emotionally very vulnerable. So the use of the internet can have negative effects on their personality and social 15
life. Apart from that, some teenagers in Britain lose money on online games.

1 British teenagers using a mobile phone keep getting older.
This statement is
a) true ☐
b) false ☐
because the text says

____

2 Which factors connected with the internet and social media are mentioned in the text as being particularly harmful for teenagers. Underline the correct answers.

extreme use | being online at night | cyber-bullying | money games | digital natives | hacking

3 The text says cyber-bullying is more likely to occur if …
a) a teenager behaves wrongly online. ☐
b) a teenager doesn't have a new phone/laptop. ☐
c) a teenager spends a lot of time online. ☐

LÖSUNGSHILFEN

Sieh dir genau an, was du jeweils herausfinden sollst. Du musst nämlich nicht alles verstehen. Achte auf Details!

But to simply blame the youngsters would be wrong. Data about adults and their use of mobile phones and the internet shows similar developments. However, while adults have fewer problems with finding their own person-
20 ality and usually react less to peer pressures, teenagers still have to find out who they are. They are easily shaken by these problems and often have no self-esteem. Although some teenagers know about these negative side effects, many cannot resist using their phone. They fear missing out, losing touch with friends and being isolated.
25 Present-day teenagers are "digital natives": their life is informed by the use of mobile phones and the internet. Yet they seem not to know how to handle these media. Parents often try to ban children from their phones or shorten their phone-time, but these measures[2] seem to have no effect. It would be bet-ter to teach teenagers about the dangers of over-using their phones, to make
30 them emotionally stronger against bullying and to make them understand how to behave online.
In all these respects, parents and children shouldn't be left alone: they need the help of politics and schools. British teenagers need to understand that real life is not only about "likes" and "followers" and that the system they
35 use can be addictive.

Annotations

1 to increase – ansteigen

2 measure – Maßnahme

4 The negative effects of mobile and internet use are the same with teenagers and adults.
This statement is
a) true ☐
b) false ☐
because the text says

5 Teenager grow up with mobile phones but they don't really know how to use them well.
This statement is
a) true ☐
b) false ☐
because the text says

____

6 In order to help their children, parents should … ☐
a) forbid them to spend more than two hours online. ☐
b) not give them a mobile phone at all. ☐
c) teach them about the dangers of the internet and social media and how to react to them. ☐

7 Note down **two** things British teenagers need to understand when it comes to mobile phone use.

____

____

Aufgabe 4: Wortschatz – *Media use*

Statistics

AUFGABEN

- Complete the following statements with words from the boxes below.
- Use each expression only once.
- There is one more expression than you need.

TIPP

- Hier hilft es, wenn du gut in Mathe bist!
- Denk daran, dass eine Lösungsmöglichkeit übrig bleibt!

| a big majority | about a quarter | a very small minority | everyone |

| two thirds | just over half | less than half | a third |

Grade 8 students did a survey. There are 153 students. Here are some of the results:

1 153 students watch television every day.

That's ______________________________________.

2 102 students watch two hours of television every day.

That's exactly ______________________________.

3 38 students do not have their own TV set.

That's______________________________________.

4 90% of the students like fantasy films.

That's ____.

5 68 students like action films.

That's ____.

6 79 students like casting shows.

That's ____.

7 Only 5% watch documentaries.

That's ____.

Things to do

- Complete the following sentences with suitable verbs.

1 Brad wants to ________________________________ himself an MP3 player with his pocket money.

2 He ________________________________ listening to music.

3 Everyday he ________________________________ on his computer.

4 He ________________________________ a lot of video games.

5 In the evenings he often ________________________________ television.

6 Before he goes to sleep he ________________________________ a book.

7 Sometimes he ________________________________ to the cinema with his friends.

Aufgabe 5: Schreiben

- Read about the advertisement on "Be-The-Festival" website.
- Write an e-mail in which you apply to become a volunteer at the "Bouncing Rhythm" festival.

When in New Zealand – Be-The-Festival

You are looking for a festival job? Then become part of our team and help organize one of the biggest festivals in New Zealand: the "Bouncing Rhythm Festival" near the lovely lakeside town of Wanaka on the South Island New Zealand.

We are looking for volunteers who love music and an international atmosphere and don't mind working hard!

What?
- Music from around the world on up to 7 stages
- man-made waterslides
- local campsites
- food from the villages
- international visitors

When?
from 29th December to 2nd January

Your job?
Our volunteers …
- manage other staff
- work in the arena and supervise crowds
- assist visitors
- be on campsite zones and supervise
- keep the crowds safe at the entrances and exits
- help with production and managing behind the scenes
- and, and, and …

What's in for you?
- gain experience in the festival industry
- add new skills to your CV
- make festival contacts.
- access to all stages and stars
- volunteer shirt and sunglasses
- meeting the world in Wanaka and meeting the local New Zealanders
- the best music and food during the four days for free
- staying near Mount Aspiring National park with all its beauty

Interested??? Then write an e-mail including the following information to
Rachel Tacker (Rachel.Tacker@BTF.nz)
- your name, country of residence, date of birth
- education, language skills, hobbies
- what work fields of the described Festival interest you
- why you want to become a volunteer, including any experience and
  information that might be helpful

LÖSUNGSHILFEN

Überlege dir sehr gut, welche Informationen über dich wichtig für die Organisation sein können und dich für die Stelle qualifizieren. Schau dir hierzu auch besonders die Übersicht der möglichen Arbeitsbereiche an. Vielleicht hast du schon Erfahrungen in einem oder mehreren Bereichen gesammelt?
Auf Seite 39 findest du Informationen zur Verfassung eines Bewerbungsbriefes.

To:	Rachel.Tacker@BTF.nz

Dear Ms Tacker,

Auswertung

Bevor du mit der Auswertung beginnst, trage in die Tabelle auf Seite 78 ein, wie viel Zeit du für die einzelnen Aufgaben benötigt hast.
Nun sieh im Lösungsteil nach, wie gut du zurechtgekommen bist. Trage die Punkte unten in die Tabelle ein.

Erster Prüfungsteil: Hörverstehen
- pro richtiger Lösung 1 Punkt

Zweiter Prüfungsteil: Leseverstehen
- Für jedes richtige Ankreuzen gibt es einen Punkt.
- Ebenso gibt es jeweils einen Punkt, wenn du ein richtiges Beispiel aus dem Text zitierst.
- Für eine richtige Begründung nach "because the text says" bekommst du zwei Punkte.
- Sprachliche Fehler führen nicht zum Punktabzug, solange deine Aussage verständlich und inhaltlich richtig ist.

Zweiter Prüfungsteil: Wortschatz
Der Wortschatz wird zunächst in so genannten Bewertungseinheiten (BE) gemessen. Jede **inhaltlich** richtige Antwort gilt als richtig. Es gibt **keinen** Punktabzug bei sprachlichen Fehlern!
- in der ersten Wortschatzaufgabe pro richtiger Lösung 1 BE
- in der zweiten Wortschatzaufgabe pro richtiger Lösung 2 BE

also:

Wortschatzaufgabe 1	7 BE
Wortschatzaufgabe 2	14 BE
Wortschatz insgesamt	21 BE

Diese Bewertungseinheiten werden dann in Punkte umgewandelt. Das geht so:

Bewertungseinheiten (BE) = Punkte										
21 – 19	18 – 17	16 – 15	14 – 13	12 – 11	10 – 9	8 – 7	6 – 5	4 – 3	2 – 1	0
= 10	= 9	= 8	= 7	= 6	= 5	= 4	= 3	= 2	= 1	= 0

Für den Wortschatzteil kannst du also insgesamt 10 Punkte bekommen.

Zweiter Prüfungsteil: Schreiben
Die Schreibaufgabe wird unter drei Aspekten bewertet. Diese sind: Inhalt, Ausdrucksvermögen und sprachliche Korrektheit.

Inhalt:
Für jeden Aspekt, auf den du eingehst beziehungsweise jede Qualifikation, die du erläuterst, kannst du 2 Punkte bekommen. Das geht so:
- Ist die Angabe angemessen, also gefordert und vollständig: 2 Punkte
- Ist die Angabe unvollständig, zu knapp oder oberflächlich: 1 Punkt
- Fehlt eine wichtige Angabe oder ist sie unzutreffend: 0 Punkte

Du solltest mindestens auf folgende 5 Angaben eingehen:

Angaben	deine Punkte
• your name, country of residence, date of birth (→ full sentences!)	
• education, language skills, hobbies → Tell about the school(s) you have gone to and graduated from, the languages you can speak and your hobbies.	
• what work fields interest you → Explain where you would like to work – in the arena, on the campsite, etc.	
• Please explain why you want to become a volunteer … → Give reasons why you would like to help at the festival. Maybe you just feel needed or want to make a difference, learn something new, see the world, make new friends, do something different, have fun, etc.	
• including any experience and information that might be helpful → Look at the possible work that needs to be done, choose what you are good at and name any qualifications that can help you deal with these situations.	

Teile nun deine Gesamtpunktzahl durch 2. Dann kannst du maximal 5 Punkte haben.
2 weitere Punkte kannst du bekommen, wenn du deinen Text ordentlich einleitest und auch beendest.
Außerdem kannst du noch 3 Punkte zusätzlich bekommen, wenn du eine oder mehrere Fragen besonders ausführlich beantwortest. **Allerdings kannst du nicht mehr als 10 Punkte insgesamt erhalten!**

Ausdrucksvermögen:
Pro Kriterium sind 2 Punkte möglich (d. h. du kannst zwei, einen oder auch gar keinen Punkt bekommen).
Es gelten folgende Kriterien:

1	Hast du einen verständlichen und gut lesbaren Text geschrieben?
2	Hast du in ganzen Sätzen geschrieben?
3	Hast du auch einige Sätze geschrieben, die aus mehreren Teilsätzen bestehen? (Hast du also *linking words* verwendet, wie z. B. *because, that, if*?)
4	Hast du an die Anrede, die Begrüßung und die Schlussformel gedacht?
5	Hast du daran gedacht, dass der Empfänger deines Textes kein Deutsch versteht? (Hast du also keine deutschen Wörter verwendet?)

Das ergibt insgesamt höchstens 10 Punkte.

Sprachliche Korrektheit:
Auch hier wird weiter unterteilt, nämlich in Rechtschreibung, Grammatik und Wortschatz. Für jeden Teilaspekt gibt es maximal 2 Punkte. Das geht ungefähr so:

Hast du wenige Fehler gemacht, sodass dein Text trotz der Fehler recht gut zu lesen ist?	2 Punkte
Hast du doch einige Fehler gemacht? Versteht man vielleicht nicht alles ganz klar?	1 Punkt
Hast du sehr viele Fehler gemacht, sodass es ziemlich schwierig ist, deinen Text zu verstehen?	0 Punkte

Das ergibt insgesamt höchstens 6 Punkte.

CHECKLISTE Bewertung

Aufgabe	Punkte	deine Punkte
Hörverstehen	**15**	
Teil 1	(5)	
Teil 2	(9)	
Leseverstehen	**16**	
Wortschatz	**10**	
Schreiben	**26**	
Inhalt	(10)	
Ausdrucksvermögen	(10)	
Sprachliche Korrektheit	(6)	
Gesamtpunktzahl	**67**	

Nun schau dir die Notentabelle an und finde heraus, welche Note du erhalten hättest:

CHECKLISTE Notentabelle

67 – 61	sehr gut
60 – 52	gut
51 – 41	befriedigend
40 – 29	ausreichend
28 – 12	mangelhaft
11 – 0	ungenügend

Deine Note: _______________________________

Was hast du gut gemacht?

____

____

Was kannst du noch verbessern?

____

____

Test 4 – The World of Work: Vorbereitung

CHECKLISTE Was du brauchst

1. Zeit Ich habe genug Zeit, um den Test zu bearbeiten:		☐
für den ersten Prüfungsteil		☐
Hörverstehen	(20 Minuten)	☐
für den zweiten Prüfungsteil	(etwa 70 Minuten)	☐
Leseverstehen	(20 bis 25 Minuten)	☐
Wortschatz	(10 bis 15 Minuten)	☐
Schreiben	(30 bis 35 Minuten)	☐
für die Kontrolle und Auswertung	(etwa 10 bis 15 Minuten)	☐
2. Arbeitsplatz Ich kann hier in Ruhe arbeiten.		☐
3. Material Ich habe:		☐
eine Uhr (möglichst mit Weckfunktion)		☐
meine Schreibmaterialien (Bleistift, Radiergummi, Füller, Textmarker, Lineal)		☐
für das Hörverstehen: Zugang zum Internet und zur Seite finaleonline.de		☐
wenn du möchtest, auch ein Wörterbuch (aber nur für Notfälle, denn in der Prüfung musst du ohne auskommen)		☐

Ab jetzt musst du ohne Lösungshilfen auskommen! Wenn du die Tipps bis jetzt immer angenommen hast, schaffst du das auch. Solltest du trotzdem einmal nicht weiterwissen, schlage in Teil A nach. Dort findest du schließlich alle Tipps und Regeln zu den einzelnen Aufgabenbereichen.

Zeitplan und Zeitkontrolle

	geplante Zeit	benötigte Zeit
Hörverstehen		
Lesen		
Wortschatz		
Schreiben		
Gesamtzeit		

Auswertung Test 4

Wenn du den vierten Test bearbeitet hast, vervollständige die Tabelle oben und kreuze dann die passende Aussage an.

Ich lag gut in der Zeit. ☐
Ich habe es gerade so geschafft. ☐
Ich brauchte mehr Zeit, als ich eingeplant hatte. ☐

Diese Aufgabenteile habe ich schnell lösen können: _______________________________

Für diese Aufgabenteile habe ich sehr viel Zeit gebraucht: _______________________________

Wenn du immer noch Probleme mit der Zeiteinteilung hast, musst du dich zwingen, erst die Aufgaben zu lösen, die dir leichter fallen und die die meisten Punkte einbringen. Die meisten Punkte bringt die Schreibaufgabe ein. Die musst du also unbedingt lösen!

Wenn du zum Beispiel beim Wortschatz immer schlecht abschneidest, solltest du diesen Aufgabenteil immer zum Schluss lösen.

Da du bei der ersten Wortschatzaufgabe immer Lösungswörter vorgegeben bekommen hast, setze lieber irgendetwas ein, selbst wenn du nicht weißt, ob es richtig ist oder nicht.

Das Gleiche gilt für die Leseaufgabe. Wenn du Lösungen gegeben hast und wirklich nicht weiterweißt, dann verlass dich auf dein Glück!

> **TIPP**
>
> Du musst genug Zeit für die Schreibaufgabe haben, denn sie bringt die meisten Punkte!

> **TIPP**
>
> Verschenke trotzdem keine Punkte!
> - Lass keine Lücke aus, wenn Lösungen vorgegeben sind!

Test 4 – The World of Work

Erster Prüfungsteil: Hörverstehen

Aufgabe 1: Hörverstehen Teil 1

Radio adverts

 **Track 11**

You will hear five radio adverts advertising different jobs.

- There are ten tasks. Give single word/short answers.
- Read the tasks before listening to the adverts.
- Listen to the announcements twice.

Announcement 1:

1 What job is being advertised? ____

2 What is the salary per hour? £ ____

Announcement 2:

3 What job is being advertised? ____

4 What are the working hours? ____

Announcement 3:

5 Where is the job? ____

6 How long is the training course? ____

Announcement 4:

7 What kind of job is being advertised? ____

8 What qualifications do you need to do this job? ____

Announcement 5:

9 Where is the job? ____

10 What special qualification is required? ____

Aufgabe 2: Hörverstehen Teil 2

Where do they work?

Track 12

You are going to hear five conversations with different people at work.

AUFGABEN

- First look at the different work places in the boxes below.
- Then listen to the five conversations.
- Choose the right work place for each conversation.
- There is one more work place than you need.

| travel agency | restaurant/pub | hospital |

| garage | clothes shop | airport |

Conversation 1: ____

Conversation 2: ____

Conversation 3: ____

Conversation 4: ____

Conversation 5: ____

Zweiter Prüfungsteil: Leseverstehen – Wortschatz – Schreiben

Aufgabe 3: Leseverstehen – *Work experience*

This text is about Owain's work experience.

- First read the text.
- Then do tasks **1–6**.

A Difficult Start

Where do I start? I had the day planned carefully, as it was my first day working in the museum in Caerleon, Wales. I got up a bit too late, so having breakfast wasn't a real option for me. On the bright side, I wasn't afraid anymore to miss my train. The internet map told me it would take only 15 minutes from
5   Pontcanna (Cardiff) to the main train station in Cardiff. What my smartphone didn't tell me: two roads were blocked and it started to rain like cats and dogs, meaning I had to start jogging through the pouring rain. I got my train at the last second. I was soaking wet and hungry.
    The train took me to Newport, around 20 minutes away from Cardiff, where
10 I had to catch a bus. The bus station looked quite small, but when I finally got there, I had no idea where to go in order to catch Bus 27 leaving from Stand 7. Apparently, there had been a change and the bus now left from Stand 1 – without me. I knew I was getting late and called the museum. A woman named Marie picked up the phone but she had no idea who I was and simply
15 said I should be there as quickly as possible. When I tried to explain my late arrival, she simply hung up. Great …
    I used the time to go to a kiosk, get something to eat and warm up a bit.
    After 20 long minutes I saw Bus 27 and rushed to Stand 7 – this time it was correct. Even though the landscape during the ride was beautiful, as it had
20 by now finally stopped raining, I felt awful and was afraid the staff in the museum might think the worst of me. Because I didn't have the exact amount of money, I paid 2 pounds – 50 pence too much – for the bus ride. Important: Never go on British buses without the exact money for the journey, as they don't give you change.
25 When I came to the National Roman Legion Museum 30 minutes late, another woman called Julie welcomed me at the information desk. She was really nice and told me it was no big deal that I was late. She also said bus-stand changes happened all the time in Newport and that other staff members were late due to that as well. What a relief. After that, the whole day turned around
30 for me – the other staff members were super nice and helpful and introduced me to the different parts of the museum. We started off with a hot tea and some cookies and a small tour around the museum. Then I met Richard who was Head of Archaeology and explained all there was to know about the place. This was very interesting because it was he who actually had started
35 the work of digging out Roman stones in Caerleon and who actually opened the museum years ago.
    The day ended perfectly, as Richard also had to go back to Cardiff and he gave me a lift. Back home, I went to bed right away – I was soooo tired. And for the next day: I definitely set the alarm 30 minutes earlier and packed an umbrella.

- For tasks **1** finish the information.
- For tasks **2** decide if the statements are true or false and tick the correct box.
  Then finish these sentences. You can quote from the text.
- For task **3 and 6** tick the correct answer.
- For tasks **4 and 5** choose the correct answer and give evidence from the text.

1 Owain's way to the museum was not as planned – give three examples:

a) ____

b) ____

c) ____

2 The day continued to be bad when he arrived at the museum.
This statement is
a) true ☐
b) false ☐
because the text says

____

3 Owain had problems in Newport because …
a) he was late for the bus. ☐
b) the bus came too late. ☐
c) the bus stopped at a different bus-stop. ☐
d) Owain was wrong because he went to a kiosk. ☐

4 Meeting Richard was …
a) positive ☐
b) negative ☐
because the text says

____

5 His journey back to Cardiff was …
a) difficult ☐
b) easy ☐
c) the same ☐
because the text says

____

6 In the evening, Owain felt _________________________________, so he decided to …
a) eat something at a restaurant. ☐
b) go to bed immediately. ☐
c) make plans for the following week. ☐

Aufgabe 4: Wortschatz – *Thinking about a future job*

A careers adviser's report

- Complete the following sentences with expressions from the boxes below.
- Use each expression only once.
- There is one more expression than you need.

doesn't mind	hates	good	prefers

isn't interested	likes	thinks

1 Matthew McNulty is a very sociable person and ________________________ working in a team.

2 Matthew's knowledge of Spanish is good. He ____________________ speaking Spanish could be useful in a career.

3 Technology is his best subject. He is ____________________ at working with his hands.

4 Matthew ____________________ working outdoors to working indoors.

5 He says that he ____________________ in gardening.

6 He ____________________ getting up early. It is not a problem for him.

Personality traits

Imagine you have to prepare for a careers interview or a job interview.

- Make a list of 10 adjectives that describe your personality in a positive way.
- Make sure that the words you use are suitable *(geeignet)* in this context.

honest ________________________   ________________________

________________________   ________________________

________________________   ________________________

________________________   ________________________

________________________   ________________________

____

Aufgabe 5: Schreiben

Your English penfriend Jo wrote you a letter about her work experience and a career interview she had a few weeks ago.
Write a response to Jo and tell her about your work experience and the jobs you are interested in.

- Write a letter to Jo.
- Write about all aspects given below.
- Write at least 120 words.

Aspects:
- Describe what kind of work experience you have got and how you liked it

Describe
- how you liked working with the people there
- what you are good at and what interests you
- how you feel about money and enjoying your job

- **Explain** what kind of jobs you would like to do (**give two examples**)

Hi Jo,

Auswertung

Bevor du mit der Auswertung beginnst, trage in die Tabelle auf Seite 91 ein, wie viel Zeit du für die einzelnen Aufgaben benötigt hast.

Nun sieh im Lösungsteil nach, wie gut du zurechtgekommen bist. Trage die Punkte unten in die Tabelle ein.

Erster Prüfungsteil: Hörverstehen
- pro richtiger Lösung 1 Punkt

Zweiter Prüfungsteil: Leseverstehen
- Für jedes richtige Ankreuzen gibt es einen Punkt.
- Ebenso gibt es jeweils einen Punkt, wenn du ein richtiges Beispiel aus dem Text zitierst.
- Für eine richtige Begründung nach "because the text says" bekommst du zwei Punkte.
- Sprachliche Fehler führen nicht zum Punktabzug, solange deine Aussage verständlich und inhaltlich richtig ist.

Zweiter Prüfungsteil: Wortschatz
Der Wortschatz wird in sogenannten Bewertungseinheiten (BE) gemessen. Jede **inhaltlich** richtige Antwort gilt als richtig. Es gibt **keinen** Punktabzug bei sprachlichen Fehlern!
- pro richtiger Lösung je 1 BE
also:

Wortschatzaufgabe 1	6 BE
Wortschatzaufgabe 2	10 BE
Wortschatz insgesamt	16 BE

Diese Bewertungseinheiten werden dann in Punkte umgewandelt. Das geht so:

Bewertungseinheiten (BE) = Punkte									
16	15	14 – 13	12 – 11	10 – 9	8 – 7	6 – 5	4 – 3	2 – 1	0
= 9	= 8	= 7	= 6	= 5	= 4	= 3	= 2	= 1	= 0

Für den Wortschatzteil kannst du also insgesamt 10 Punkte bekommen.

Zweiter Prüfungsteil: Schreiben
Die Schreibaufgabe wird unter drei Aspekten bewertet. Diese sind: Inhalt, Ausdrucksvermögen und sprachliche Korrektheit.

Inhalt:
Für jede korrekt berücksichtigten Inhalt kannst du bis zu zwei Punkte bekommen. Das geht so:
- Ist die Antwort angemessen, also richtig und vollständig: 2 Punkte
- Ist die Antwort unvollständig, zu knapp oder zu oberflächlich: 1 Punkt
- Fehlt die Antwort oder ist sie falsch: 0 Punkte

Auf diese Bereiche musst du eingehen:

	deine Punkte
What kind of work experience?	
How did you like the work experience?	
How did you like working with other people there?	
What are you good at?	
What interests you?	
How important is money?	
What do you feel about enjoying your job?	
Gesamtpunktzahl von 14:	

Teile nun deine Gesamtpunktzahl durch 2. Dann kannst du maximal 7 Punkte haben.
2 weitere Punkte kannst du bekommen, wenn du deinen Text ordentlich einleitest und auch beendest.
Außerdem kannst du noch 2 Punkte zusätzlich bekommen, wenn du eine oder mehrere Fragen besonders ausführlich beantwortest. **Allerdings kannst du nicht mehr als 9 Punkte insgesamt erhalten!**

Ausdrucksvermögen:
Pro Kriterium sind 2 Punkte möglich (d. h. du kannst zwei, einen oder auch gar keinen Punkt bekommen).
Es gelten folgende Kriterien:

1	Hast du einen verständlichen und gut lesbaren Text geschrieben?
2	Hast du in ganzen Sätzen geschrieben?
3	Hast du auch einige Sätze geschrieben, die aus mehreren Teilsätzen bestehen? (Hast du also *linking words* verwendet, wie z. B. *because, that, if*?)
4	Hast du z. B. in einem Brief oder in einer E-Mail an die Anrede, die Begrüßung und die Schlussformel gedacht?
5	Hast du daran gedacht, dass der Empfänger deines Textes kein Deutsch versteht? (Hast du also keine deutschen Wörter verwendet?)

Das ergibt insgesamt 10 Punkte.

Sprachliche Korrektheit:
Auch hier wird weiter unterteilt, nämlich in Rechtschreibung, Grammatik und Wortschatz. Für jeden Teilaspekt gibt es maximal 2 Punkte. Das geht ungefähr so:

Hast du wenige Fehler gemacht, sodass dein Text trotz der Fehler recht gut zu lesen ist?	2 Punkte
Hast du doch einige Fehler gemacht? Versteht man vielleicht nicht alles ganz klar?	1 Punkt
Hast du sehr viele Fehler gemacht, sodass es ziemlich schwierig ist, deinen Text zu verstehen?	0 Punkte

Das ergibt insgesamt höchstens 6 Punkte.

CHECKLISTE Bewertung

Aufgabe	Punkte	deine Punkte
Hörverstehen	**15**	
Teil 1	(10)	
Teil 2	(5)	
Leseverstehen	**15**	
Wortschatz	**9**	
Schreiben	**25**	
Inhalt	(10)	
Ausdrucksvermögen	(10)	
Sprachliche Korrektheit	(6)	
Gesamtpunktzahl	**64**	

Nun schau dir die Notentabelle an und finde heraus, welche Note du erhalten hättest:

CHECKLISTE Notentabelle

64 – 58	sehr gut
57 – 50	gut
49 – 39	befriedigend
38 – 28	ausreichend
27 – 12	mangelhaft
11 – 0	ungenügend

Deine Note: ________________________________

Hast du dich verbessern können? Überlege, was du gut gemacht hast:

____

____

Überlege, was du noch verbessern kannst:

____

____

Test 5 – One Country, Different Cultures: Vorbereitung

CHECKLISTE Was du brauchst

1. Zeit Ich habe genug Zeit, um den Test zu bearbeiten:		☐
für den ersten Prüfungsteil		☐
Hörverstehen	(20 Minuten)	☐
für den zweiten Prüfungsteil	(65 bis 70 Minuten)	☐
Leseverstehen	(25 Minuten)	☐
Wortschatz	(10 Minuten)	☐
Schreiben	(30 bis 35 Minuten)	☐
für die Kontrolle und Auswertung	(etwa 10 bis 15 Minuten)	☐
2. Arbeitsplatz Ich kann hier in Ruhe arbeiten.		☐
3. Material Ich habe:		☐
eine Uhr (möglichst mit Weckfunktion)		☐
meine Schreibmaterialien (Bleistift, Radiergummi, Füller, Textmarker, Lineal)		☐
für das Hörverstehen: Zugang zum Internet und zur Seite finaleonline.de		☐
Du solltest jetzt wirklich ohne Wörterbuch arbeiten!		☐

Zeitplan und Zeitkontrolle

	geplante Zeit	benötigte Zeit
Hörverstehen		
Lesen		
Wortschatz		
Schreiben		
Gesamtzeit		

Auswertung Test 5

Wenn du den fünften Test bearbeitet hast, vervollständige die Tabelle oben und kreuze dann die passende Aussage an.

Ich lag gut in der Zeit. ☐
Ich habe es gerade so geschafft. ☐
Ich brauchte mehr Zeit. ☐

Diese Aufgabenteile habe ich schnell lösen können: _______________________________________

Für diese Aufgabenteile habe ich sehr viel Zeit gebraucht: _______________________________________

Die nächste Frage musst du nicht beantworten, wenn du den Test in 90 Minuten geschafft hast:
Was musst du anders machen, um besser mit der Zeit auszukommen?

____

____

____

____

____

Test 5 – One Country, Different Cultures

Erster Prüfungsteil: Hörverstehen

Aufgabe 1: Hörverstehen Teil 1

Different people

 **Track 13**

During her exchange visit to Germany, Victoria from Fort Wayne, Indiana, talks about the people in her town.

AUFGABEN

- First read the questions.
- Then listen to the interview.
- For questions **1, 2, 3, 7, 8** and **9**, tick the correct box.
- There is only one correct answer per question.
- For questions **4, 5, 6** and **10,** fill in the missing information.

1 Most of the immigrants in Fort Wayne are …
a) African Americans. ☐
b) Asians. ☐
c) Hispanics. ☐

2 How many pupils at Victoria's school come from non-American families?
a) almost half ☐
b) about a third ☐
c) only a few ☐

3 What is special about Victoria's school?
a) It's a church school. ☐
b) It's an Arts college. ☐
c) It's a Sports college. ☐

4 Victoria's family originally came from ________________________________.

5 Name two things which the Amish people don't use. They don't use …

________________________________ or ________________________________.

6 Name three things which Amish people don't buy.

They don't buy ________________________________ because they grow it themselves.

They don't buy ________________________________ or ________________________________

because they make them themselves.

7 What is important to the Amish people?
a) their religion and work ☐
b) education and work ☐
c) education and their religion ☐

8 Why does Victoria know so much about the Amish people?
a) because she goes to school with Amish children ☐
b) because she visited an Amish family once ☐
c) because her family is very friendly with one of the Amish families ☐

9 Victoria thinks that …
a) it would be interesting to live with Amish people. ☐
b) their way of life is boring. ☐
c) she couldn't live like them. ☐

10 She thinks it's _______________________________ that the Amish keep their traditions.

• Now listen to the interview again.

Aufgabe 2: Hörverstehen Teil 2

Hip hop

 **Track 14**

You are going to hear five texts about hip hop.

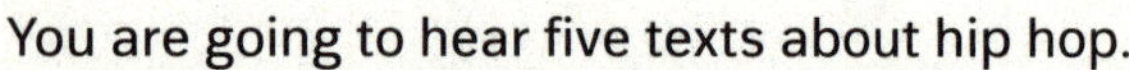

AUFGABEN

- First read the statements below.
- Then listen to the five texts.
- Decide whether the statements are true or false.
- Tick the right box.

	true	false
Speaker 1 explains what hip hop music is and what it is about.	☐	☐
Speaker 2 talks about the German rapper Bushido.	☐	☐
Speaker 3 "lives" hip hop.	☐	☐
Speaker 4 says that modern hip hop is no good.	☐	☐
Speaker 5 thinks that hip hop is cool.	☐	☐

Zweiter Prüfungsteil: Leseverstehen – Wortschatz – Schreiben

Aufgabe 3: Leseverstehen – *Different cultures*

This text is about Owain's work experience

- First read the text.
- Then do tasks **1–7**.

Easter break on the other side of the world

Now that I am back in my hometown, Dortmund, I still cannot believe what I
experienced over the past two weeks. And I almost missed the whole thing …
When my parents told me about their trip to New Zealand for the Easter break
this year, I wasn't so sure if I really wanted to tag along. First of all, I didn't
know anything about New Zealand and its capital Wellington and secondly, 5
being in an airplane for more than 24 hours wasn't really exciting news.
But my mother convinced me to join them with several arguments: It could
be our last big holiday as a family, I could work on my English skills as the
English ZP will be held shortly after we come back to Germany and, very
important to her, the weather during the "autumn season" (around April) had 10
to be fantastic and we simply would have to see that. So, I went, and to start
off, I was actually surprised that New Zealand was not one, but actually two
main islands with Wellington on the southern tip of the North Island.
When we finally arrived and got into town I was so tired I couldn't really
experience anything but the weather – I thought it would be very hot, as 15
we had flown south from Germany, but it was only around 17 degrees. Then
my dad reminded me that we didn't simply go south, but that we crossed the
Equator and therefore were in the Southern Hemisphere, meaning we arrived
when the "warm days" were already gone.
It took me around two days to get used to the time difference, but then I dived 20
fully in to see as much as possible. We started by simply walking around
the historical city centre and the harbour area, which is located near Mount
Victoria. My parents went to see the sunset which wasn't that interesting to
me – I, however, enjoyed seeing the coastline of the town with its ships, the
people on the beaches or even on kayaks and small boats. But to see Cook 25
Strait between the North and South Island was very impressive. I was lucky
with the weather, because I could actually see parts of the South Island.

The town itself was a mixture of historical and new, innovative buildings which makes it so interesting. People from here also call the city "capital of
30 cool" because old and new culture meet and you can basically do everything. My parents wanted to visit the historic cable car and the botanical gardens, so we separated for that day and I got a bus to nearby Miramar Peninsula to see the Weta Studios. Many great films like *Avatar*, *King Kong* or *Narnia* were created here and you can do fantastic workshops and see original things
35 from the movies.
The next day we visited the "Te Papa" museum, which informs you about the Maori people, the country and its history. Never in my life have I been in a museum like this: it is so interesting and doesn't even cost anything. In the evening we went to see a rugby game which was great and had a traditional
40 Maori meal.
The remaining 6 days of our trip we rented a car and went hiking in the most beautiful and cool places – the rocks have strange colours due to volcanic eruptions 200 million years ago, the whole landscape is filled with autumn and if you are lucky you might spot scenery where the *Lord of the Rings*
45 movies were made.
In the end, I barely noticed our flight back because I was so tired. But if my parents ever ask me to do a trip to New Zealand again, I will not think twice.

- For tasks **2, 4 and 7** decide if the statements are true or false and tick the correct box.
- Then finish these sentences. You can quote from the text.
- For tasks **1 and 5** tick one correct box.
- For task **3 and 6** fill in the information.

1 When his parents told Thomas about the New Zealand trip, he wasn't sure about joining because …
a) Wellington didn't sound exciting. ☐
b) the flight takes so long. ☐
c) he wanted to learn for his English ZP instead. ☐

2 His mother wanted him to be part of the trip.
a) true ☐
b) false ☐
Evidence from the text:

____

3 Name two reasons why it could be good for Thomas to join the trip:

1) ____

2) ____

4 Because they flew south, the weather was sunny and very warm.
a) true ☐
b) false ☐
Evidence from the text:

____

5 On Mount Victoria, Thomas enjoyed …
a) the sunset. ☐
b) the weather. ☐
c) Cook Strait. ☐

6 How does Thomas feel about the Weta studios?

____

7 The "Te Papa" museum doesn't cost anything, but is not very interesting.
a) true ☐
b) false ☐
Evidence from the text:

____

Aufgabe 4: Wortschatz

Which word is right?

AUFGABEN

- Choose the right word.
- Put a circle around it.

TIPP

Du musst die richtige Lösung einkreisen!

1 Great Britain is a **mono-cultural** | **multicultural** society.

2 Many people have come to Britain because they want to have a better **life** | **live**.

3 Most **immigrants** | **foreigners** learn English very quickly.

4 People who flee from their home country in time of war are called **flightiers** | **refugees**.

5 It is important to **expect** | **respect** other cultures.

6 Great Britain is a country of many ethnic **minorities** | **majorities**.

Between two cultures

- Complete the following text with suitable words.

1 Kanika grew up with two cultures. She was _____________________ in Great Britain but her parents

_____________________ from India.

2 In their culture, women stayed at _____________________ and looked after the children.

3 Her dad was very _____________________. He didn't allow Kanika to go out, to have a boyfriend or to have a job.

4 When Kanika was a young girl, she didn't _____________________ her culture very much.

5 Now she feels differently about it. She is _____________________ to live between two cultures.

Aufgabe 5: Schreiben – *A school project*

Your school received an e-mail from Noah, a High School student from Auckland in New Zealand. He needs some help with a school project. Your teacher has given you the e-mail and asked you to help him with the project.

- Read the e-mail and write back to Noah.
- Answer all his questions.
- Think of a good start and a good ending to your e-mail.
- Write at least 100 words.
- Write in full sentences.

Hi,

My name is Noah. I am in year 10 at Mount Albert Grammar School in Auckland, New Zealand.

We are doing a project on first and second languages in schools all over the world. I hope you can help me and give me some information about your school.

How many students speak a different language with their families at home? Where do the families come from and what language do they speak at home? Do you think it's harder or easier when you grow up with two languages? (Why do you think that?)

Do many of your friends have an immigration background and has it influenced your German by hanging out with them? Have you picked up some non-German words or expressions from your friends and what have you learned about their culture?

Have your got further information on how your school deals with language barriers and how they help non-German speakers?

Please answer as soon as possible. Thank you very much for your help!

Take care

Noah

Hi Noah,

Auswertung

Bevor du mit der Auswertung beginnst, trage in die Tabelle auf Seite 103 ein, wie viel Zeit du für die einzelnen Aufgaben benötigt hast.

Nun sieh im Lösungsteil nach, wie gut du zurechtgekommen bist. Trage die Punkte unten in die Tabelle ein.

Erster Prüfungsteil: Hörverstehen
- pro richtiger Lösung 1 Punkt

Zweiter Prüfungsteil: Leseverstehen
- Für jedes richtige Ankreuzen gibt es einen Punkt.
- Ebenso gibt es jeweils einen Punkt, wenn du ein richtiges Beispiel aus dem Text zitierst.
- Für eine richtige Begründung nach "because the text says" und für ausführliche Antworten bekommst du zwei Punkte.
- Sprachliche Fehler führen nicht zum Punktabzug, solange deine Aussage verständlich und inhaltlich richtig ist.

Zweiter Prüfungsteil: Wortschatz
Der Wortschatz wird in sogenannten Bewertungseinheiten (BE) gemessen. Jede **inhaltlich** richtige Antwort gilt als richtig. Es gibt **keinen** Punktabzug bei sprachlichen Fehlern!
- in der ersten Wortschatzaufgabe pro richtiger Lösung 1 BE
- in der zweiten Wortschatzaufgabe pro richtiger Lösung 2 BE
also:

Wortschatzaufgabe 1	6 BE
Wortschatzaufgabe 2	10 BE
Wortschatz insgesamt	16 BE

Diese Bewertungseinheiten werden dann in Punkte umgewandelt. Das geht so:

Bewertungseinheiten (BE) = Punkte									
16 – 15	14 – 13	12 – 11	10 – 9	8 – 7	6 – 5	4 – 3	3 – 2	1	0
= 9	= 8	= 7	= 6	= 5	= 4	= 3	= 2	= 1	= 0

Für den Wortschatzteil kannst du also insgesamt 9 Punkte bekommen.

Zweiter Prüfungsteil: Schreiben
Die Schreibaufgabe wird unter drei Aspekten bewertet. Diese sind: Inhalt, Ausdrucksvermögen und sprachliche Korrektheit.

Inhalt:
Für jede korrekt beantwortete Frage kannst du bis zu zwei Punkte bekommen. Das geht so:
- Ist die Antwort angemessen, also richtig und vollständig: 2 Punkte
- Ist die Antwort unvollständig, zu knapp oder zu oberflächlich: 1 Punkt
- Fehlt die Antwort oder ist sie falsch: 0 Punkte

Du musstest insgesamt 6 Fragen beantworten, die zum Teil aus zwei Fragen bestanden:

Frage	deine Punkte
How many pupils speak a different language with their families at home?	
Where do the families come from and what language do they speak at home?	
Do you think it is harder or easier when you grow up with two languages? (Why do you think that?)	
Do many of your friends have an immigration background and has it influenced your German by hanging out with them?	
Have you picked up some non-German words or expressions from your friends and what have you learned about their culture?	
Have your got any further information on how your school deals with language barriers and how they help non-German speakers?	
Gesamtpunktzahl von 12:	

Nun zähle die Punkte zusammen, die du für die besten 4 Antworten bekommen hast. Dann kannst du maximal 8 Punkte haben.

2 weitere Punkte kannst du bekommen, wenn du deinen Text ordentlich einleitest und auch beendest.

Außerdem kannst du noch 2 Punkte zusätzlich bekommen, wenn du eine oder mehrere Fragen besonders ausführlich beantwortest. **Allerdings kannst du nicht mehr als 10 Punkte insgesamt erhalten!**

Ausdrucksvermögen:
Pro Kriterium sind 2 Punkte möglich (d. h. du kannst zwei, einen oder auch gar keinen Punkt bekommen).
Es gelten folgende Kriterien:

1	Hast du einen verständlichen und gut lesbaren Text geschrieben?
2	Hast du in ganzen Sätzen geschrieben?
3	Hast du auch einige Sätze geschrieben, die aus mehreren Teilsätzen bestehen? (Hast du also *linking words* verwendet, wie z. B. *because, that, if*?)
4	Hast du z. B. in einem Brief oder in einer E-Mail an die Anrede, die Begrüßung und die Schlussformel gedacht?
5	Hast du daran gedacht, dass der Empfänger deines Textes kein Deutsch versteht? (Hast du also keine deutschen Wörter verwendet?)

Das ergibt insgesamt 10 Punkte.

Sprachliche Korrektheit:

Auch hier wird weiter unterteilt, nämlich in Rechtschreibung, Grammatik und Wortschatz. Für jeden Teilaspekt gibt es maximal 2 Punkte. Das geht ungefähr so:

Hast du wenige Fehler gemacht, sodass dein Text trotz der Fehler recht gut zu lesen ist?	2 Punkte
Hast du doch einige Fehler gemacht? Versteht man vielleicht nicht alles ganz klar?	1 Punkt
Hast du sehr viele Fehler gemacht, sodass es ziemlich schwierig ist, deinen Text zu verstehen?	0 Punkte

Das ergibt insgesamt höchstens 6 Punkte.

CHECKLISTE Bewertung

Aufgabe	Punkte	deine Punkte
Hörverstehen	**15**	
Teil 1	(10)	
Teil 2	(5)	
Leseverstehen	**15**	
Wortschatz	**9**	
Schreiben	**26**	
Inhalt	(10)	
Ausdrucksvermögen	(10)	
Sprachliche Korrektheit	(6)	
Gesamtpunktzahl	**65**	

Nun schau dir die Notentabelle an und finde heraus, welche Note du erhalten hättest:

CHECKLISTE Notentabelle

65 – 56	sehr gut
55 – 44	gut
43 – 34	befriedigend
33 – 28	ausreichend
27 – 13	mangelhaft
12 – 0	ungenügend

Deine Note: _______________________________

Hast du dich verbessern können? Überlege, was du gut gemacht hast:

____

____

____

____

____

____

____

____

____

Überlege, was du noch verbessern kannst:

____

____

____

____

____

____

____

____

____

Zentrale Prüfungen 2022 – Englisch, Hauptschulabschluss

Quelle der Aufgabenstellung

Qualitäts- und UnterstützungsAgentur – Landesinstitut für Schule
Die Abbildungen weichen aus lizenzrechtlichen Gründen von der Darstellung in der Originalprüfung ab.

INFO

Die Bearbeitungszeit beträgt **20 Minuten** für den ersten Prüfungsteil und **70 Minuten** für den zweiten Prüfungsteil. Insgesamt **10 Minuten Bonuszeit** können individuell im ersten und/oder zweiten Prüfungsteil in Anspruch genommen werden.

2022 wurden zwei Wortschatz- und Schreibaufgaben zur Auswahl angeboten. Die Schulen hatten die Möglichkeit, eine der beiden Aufgabenpakete auszuwählen. Die Aufgaben zu Hör- und Leseverständnis waren in beiden Aufgabenstellungen identisch.

Erster Prüfungsteil: Hörverstehen

Hörverstehen Teil 1

Track 15

At Powerscourt Shopping Centre

You are in Dublin, Ireland, and you are doing some shopping at the Powerscourt Shopping Centre. While you are walking on the first floor, you can hear some announcements.

AUFGABEN

- First read the tasks.
- Then listen to the announcements.
- While you are listening, tick the correct box.
- At the end you will hear the announcements again.
- Now read the tasks. You have **one minute** to do this.

- Now listen to the announcements and do the tasks.

Announcement 1

1 Today you can take part in a …
a) tea tasting.   ☐
b) guided visit.   ☐
c) meet and greet.   ☐

2 *Powerscourt Shopping Centre* was originally a …
a) hotel.   ☐
b) factory.   ☐
c) private house.   ☐

3 If you want to take part in the special event, you must …
a) pay in cash.
b) go to the tea shop.
c) put your name on a list quickly.

Announcement 2

4 The staff of the shopping centre want to find …
a) a child.
b) an adult.
c) an object.

5 The announcer wants someone to come to the …
a) café.
b) play paradise.
c) children's clothes store.

Announcement 3

6 In the shopping centre, one lift is …
a) broken at the moment.
b) only for disabled people.
c) too small for large groups.

Announcement 4

6 This announcement is …
a) a staff announcement.
b) an event announcement.
c) a security announcement.

In 30 seconds you will hear the announcements again so you can check your answers.

Hörverstehen Teil 2

 **Track 16**

At the police station

A young Dubliner named Donovan goes to a police station for help.
He is talking to policewoman McCarthy.

AUFGABEN

- First read the tasks.
- Then listen to the conversation.
- While you are listening, tick the correct box.
- At the end you will hear the conversation again.
- Now read the tasks. You have **one minute** to do this.

- Now listen to the conversation and do the tasks.

1 Donovan goes to the police station because he …
a) was robbed. ☐
b) saw a crime. ☐
c) found something. ☐

2 Donovan did not see what happened because he was …
a) eating something. ☐
b) talking to someone. ☐
c)   looking out of the window. ☐

3 The backpack is …
a) new. ☐
b) small. ☐
c) damaged. ☐

4 The things in the backpack are worth …
a) a lot. ☐
b) a little. ☐
c) nothing. ☐

5 The policewoman says that …
a) all is lost. ☐
b) there is still some hope. ☐
c) everything will be alright. ☐

6 Donovan says that in the backpack there …
a) is an identity card. ☐
b) are keys to a house. ☐
c) is a complete name. ☐

In 30 seconds you will hear the conversation again so you can check your answers.

Zweiter Prüfungsteil: Leseverstehen – Wortschatz – Schreiben

Leseverstehen

Celebrating St Patrick's Day

Your English class is doing a project on holidays and traditions in the English-speaking world.
You think the following article is interesting.

AUFGABEN

https://stpatricksday.ie

ST PATRICK	**Traditions**	**Celebrations**	**Numbers & Facts**

Maybe you have heard of St Patrick and already know that the Irish celebrate St Patrick's Day on 17th March. Celebrations take place in many countries, in fact wherever there are groups of Irish people.

Many people actually don't know that St Patrick was not born in Ireland. He was not even Irish. He came from a rich family in Great Britain, and both his father and grandfather were priests in the Catholic church. But at the age of sixteen he was kidnapped by a gang of thieves. They took him to Ireland where he had to work as a shepherd[1]. Six years later he escaped from Ireland. — 5

One legend about St Patrick says that he returned to Ireland some years later after a dream in which he got a letter asking him to go back. People say that lots of Irish became Catholic because of St Patrick. He was also the one who built Catholic churches for them all across Ireland. — 10

1 **shepherd** – a person whose job it is to take care of sheep

- Tick the correct box **and** give one piece of evidence from the text.

1 *St Patrick's Day* is a festive tradition only found in Ireland.
This statement is …
a) true ☐
b) false ☐
One piece of evidence from the text:

____

2 The first time St Patrick came to Ireland, …
a) his father sent him. ☐
b) criminals brought him. ☐
c) the church invited him. ☐
One piece of evidence from the text:

____

3 St Patrick changed how the Irish saw …
a) their religion. ☐
b) their country. ☐
c) British people. ☐
One piece of evidence from the text:

____

https://stpatricksday.ie

St Patrick	Traditions	CELEBRATIONS	Numbers & Facts

People usually connect St Patrick's Day celebrations with drinking beer. But in fact, Irish pubs were not allowed to open on St Patrick's Day until the 1970s.

One of the biggest St Patrick's Day celebrations is in Chicago, USA, where they colour the Chicago River green every year. The first time they did this, they were not sure how much green colour was needed, so they used over 100 kg of food colouring. The problem then was that the river stayed green for over a week. So now they only put in 25 kg!   5

Green is in fact the most important colour on 17th March. People wear green clothes, they drink green beer and some shops sell green burgers. Even in New York, the Empire State Building is lighted green. That's crazy! Centuries ago, blue was the official colour of St Patrick's Day. People then believed green brings bad luck. But now, the colour green is even in the Irish flag, together with orange and white.   10

- Tick the correct box **and** give one piece of evidence from the text.

4 Irish pubs have always served alcohol on *St Patrick's Day*.
This statement is …
a) true ☐
b) false ☐
One piece of evidence from the text:

____

5 When the Chicago River was turned green for the first time, people used …
a) not enough colour. ☐
b) far too much colour. ☐
c) less than 100 kg of colour. ☐
One piece of evidence from the text:

____

6 The colour green has always been a symbol of something positive.
This statement is ...
a)   true   ☐
b)   false   ☐
One piece of evidence from the text:

____

AUFGABEN

https://stpatricksday.ie			
St Patrick	**Traditions**	**Celebrations**	**NUMBERS & FACTS**

A surprising fact is that the largest St Patrick's Day parade is not held in Dublin, or even in Ireland, but in New York! And it is not only the largest parade, it is also one of the oldest. The tradition of a St Patrick's Day parade started in Boston in 1732. New York came next with a parade in 1762. So, this was about 100 years before the first celebrations were held in Ireland! Today two million people visit New York for this parade. Over 200,000 people take part in the walk.   5

St Patrick's Day is celebrated all over the world, from New Zealand to Dubai, from the West Indies to Moscow. But only in Ireland is it a public holiday. The Irish people living in the US would love to have a public holiday there. But nearly 60 % of Americans are against this because just a small number of Americans are of Irish background.   10

• Tick the correct box **and** give one piece of evidence from the text.

7 The *first St Patrick's Day* parade was in ...
a)   Dublin.   ☐
b)   Boston.   ☐
c)   New York.   ☐
One piece of evidence from the text:

____

8 In America *St Patrick's Day* is a work day.
This statement is ...
a)   true   ☐
b)   false   ☐
One piece of evidence from the text:

____

Friendship

Teil 1

Friendships are part of our social life.
The following text is about what makes a good friendship.

AUFGABEN

- Complete the following text (sentences 1–6) with words from the box.
- Use each word only **once.**
- There is **one more word** than you need.

> fight • fairness • beliefs • long • kind • trust • conflicts

1 A friend is someone who is ___________________ to you and understands you.

2 Friends often have the same ideas and ___________________ .

3 They are always there for each other. For example, friends tell each other secrets because they can ___________________ each other.

4 A friendship can have ups and downs. Sometimes it's okay to ___________________ and have different opinions.

5 People's lives change over time. Even in ___________________ friendships it can happen that you lose touch with friends.

6 If a friendship causes too many ___________________ , maybe it's time to end it.

Teil 2

The following text is about how you can get to know people and become friends.

- Complete the following sentences (1–6) with **suitable** words.
- Give only **one** solution.

1 Many young people have lots of 'friends' on social media. But you're lucky if you have a very _____________________ friend who is always there for you.

2 You can also _____________________ new friends at your friend's house.

3 Or you can go to concerts, festivals or store openings. These are _____________________ where you can get in contact with people.

4 When you go out, try to be _____________________ and introduce yourself to others.

5 Don't judge people only on their _____________________ . Fashion is not everything! You should also think of other aspects.

6 A good way to _____________________ a friendship is by chatting or texting with each other. Talk about different things and ask questions.

A good friend

The Day of Friendship is coming up. Your English class is doing a project on this topic and your teacher asks you to write a comment.

AUFGABEN

- Write your comment.
- Write about all the aspects given below.
- Write about 120 words.

What makes a good friend?

Write a comment on the question above.

1 **Describe**
- what kind of people you like (character, interests),
- how you can meet new people (situation, place),
- what you can do with a friend (two free time activities).

(6 Punkte)

2 **Explain**
- what can be problems in a friendship,
- what you can do to keep up a friendship.

(4 Punkte)

Wortschatz Auswahl 2

Giving a helping hand

Teil 1

Helping others is the first step to make the world a better place. The following text is about how you can become active in your neighbourhood.

AUFGABEN

- Complete the following text (sentences 1–6) with words from the box.
- Use each word only **once.**
- There is **one more word** than you need.

joy • ignore • lonely • advice • community • offer • responsible

1 You're part of a _____________________ , no matter where you live.

2 We are all _____________________ for helping others and making the world a better place.

3 Some people feel _____________________ when they don't have friends or family.

4 Pay attention and ask what you can do for people who need help. Don't _____________________ them.

5 If you _____________________ your help to others, it will make them happy.

6 But maybe supporting others will also bring _____________________ to your life.

Teil 2

The following text shows how young people can help others.

- Complete the following sentences (1–6) with **suitable** words.
- Give only **one** solution.

1 A lot of people pay money to support _______________________ that help people in need.

2 Especially young and active people do even more. They have the _______________________ to take actions for other people and the planet.

3 And keep in mind: some actions are small, but the effect on someone else's life can be

_______________________ .

4 With the celebration of *International Volunteer Day* on December 5th, the UN wants to _______________________ new volunteers around the world.

5 On this day, people _______________________ photos and videos about what they did to make the world a better place.

6 So, get up and start with small things in your daily life. For example, you can help a person who is _______________________ to get across a busy street.

FiNALE Prüfungstraining

Nordrhein-Westfalen

Erweiterter Erster Schulabschluss
(vormals Hauptschulabschluss)

Englisch

2024

Lösungen

Lösungsheft zu 978-3-07-172401-3

TRANSKRIPTE

A   Einführung

A 2.4 Warum gibt es die verschiedenen Aufgabenformate?

1. Globales Verstehen

Seite 14
Track 1: News
Good evening. This is West of England Radio with the news.
1.
Four men have been taken to hospital after an explosion at a steel works in South Wales. The explosion was due to gas escaping from a cracked pipe. Police are investigating the incident.
2.
Scientists in Bristol say, on average, seven hours sleep is enough. A city-wide survey has shown that teenagers need up to nine hours, and people over 60 generally need less than the average. Seven hours sleep keeps most adults more healthy and alert than longer periods.
3.
Clifton Park is to be closed next week in preparation for the West of England horse trials. Tickets for the show-jumping event, which begins on July 15th, will be on sale from next Sunday. Further information can be obtained from local newspaper websites.
4.
Shops are running out of apple juice as a result of a holiday promotion offer. The top prize in the 'Adams Apple Juice' competition, a holiday in Jamaica, has caused people to buy hundreds of cartons. One carton carries the winning number.
5.
Crowds gathered at Avonmouth harbour today for the start of the 'Round Britain Race'. More than 70 boats from 10 countries are competing in the annual event, which attracts sailors from across the globe.
6.
And now for the weather forecast. Tomorrow morning will bring light rain spreading eastwards, with sunny intervals. The wind will freshen in the afternoon. Temperatures will range from 25 degrees inland to around 20 degrees on the coast.
Good night, and thank you for listening.

2. Selektives Verstehen

Seite 16
Track 2: A weather forecast
This is KKC news with tonight's weather forecast:

UK: Largely cloudy across England tonight with periods of rain. Mainly dry across Wales with patchy cloud. Generally cloudy across Scotland with isolated showers. Winds will be light from the south to southwest.

IRELAND: Mostly cloudy across western Ireland tonight with scattered showers. Evening showers in the east, then broken cloud. Winds will be moderate from the west to southwest.

Seite 17
Track 3: Travelling by train
The train at platform 2 is the 17:52 Margate service, calling at Rainham, Sittingbourne, Faversham, Whitstable, Herne Bay and Margate.
Passengers for stations to Sheerness should take this train and change at Sittingbourne. Passengers for stations to Canterbury and Dover should change at Faversham.
Would passengers please note that due to engineering works the line is closed between Margate and Ramsgate and a replacement bus service is in operation.
Passengers for Broadstairs, Dumpton Park and Ramsgate should take this train to Margate and use the bus service available from the station entrance.

3. Detailliertes Verstehen

Seite 18
Track 4: Climate Change
In 2022 the government of New Zealand decided to greatly reduce greenhouse gas emissions. Climate change is not only a danger to New Zealand, but it is a worrying thing for the whole world. So nobody was surprised when scientists said that climate change has a big effect on us and that it is the biggest danger we will face in the future. The daily news is filled with floods, storms and fires. Those disasters are closely linked to climate change. They will become more frequent, and they will change the earth forever. The melting of the North and South Polar ice caps is also part of this change and we can already notice this, with the weather becoming more extreme and many places getting hotter or colder.
We need to get started and be active about it, if we don't want climate change to destroy the earth. We cannot allow so many cars, airplanes and ships, for example, because their emissions cause greenhouse gases, which change the climate. Even small changes in our daily life can help, though – like turning off the light or recycling paper.

LÖSUNGEN

A 2.4 Warum gibt es die verschiedenen Aufgabenformate?

1. Globales Verstehen

Seite 14
News
a) 3
b) 6
c) 1
d) 5
e) 4
f) 2

Seite 16
1. a) teenagers need up to nine hours
2. b) rainy and sunny

2. Selektives Verstehen

A weather forecast
b) There will be some rain and later broken clouds in the east of Ireland.

Seite 17
Travelling by train
a) 2
c) There is no train from Margate to Ramsgate. You will have to take the bus.

3. Detailliertes Verstehen

Seite 18
Climate Change
1. a)
2. the biggest danger/ a big danger (we face)
3. b)
4. c)
5. warmer or colder
6. destroy
7. b)
8. a) true: simple things like turning off lights and recycling paper all help

A 3   Leseverstehen

A 3.1 Frage dein Vorwissen ab

Seite 20
1. Bauern und ihr Arbeitsfeld, Bauernhof (Züchter, Anbau von Lebensmitteln)
2. auf dem Feld arbeiten, Tiere versorgen, melken, schwere Geräte wie Traktoren bedienen, Pflanzen anbauen, Ernte einholen
3. farmer, food, crops, different types of animals, dirt, hard work, nature, pesticide, harvest

A 3.2 Aufgabenstellung beachten

Seite 22
What is a farmer? (1)
Why become a farmer? –
What is the job of a farmer? (2)
Types of farmers (3)
Qualifications of a farmer (4)
The future of farming –

Seite 23
Waitangi – a bittersweet National Day
1. false
2. true
3. false: The white settlers [...] many parts of it [= the treaty].
4. false
5. true: [...] the main attraction is the procession [...] waka [...] *und* [...] perform the famous haka [...]
6. true: the first treaty [...] live[s] on [...] present and future.

A 4 Wortschatz

A 4.1 Wortfelder erarbeiten

**Seite 26
family life**

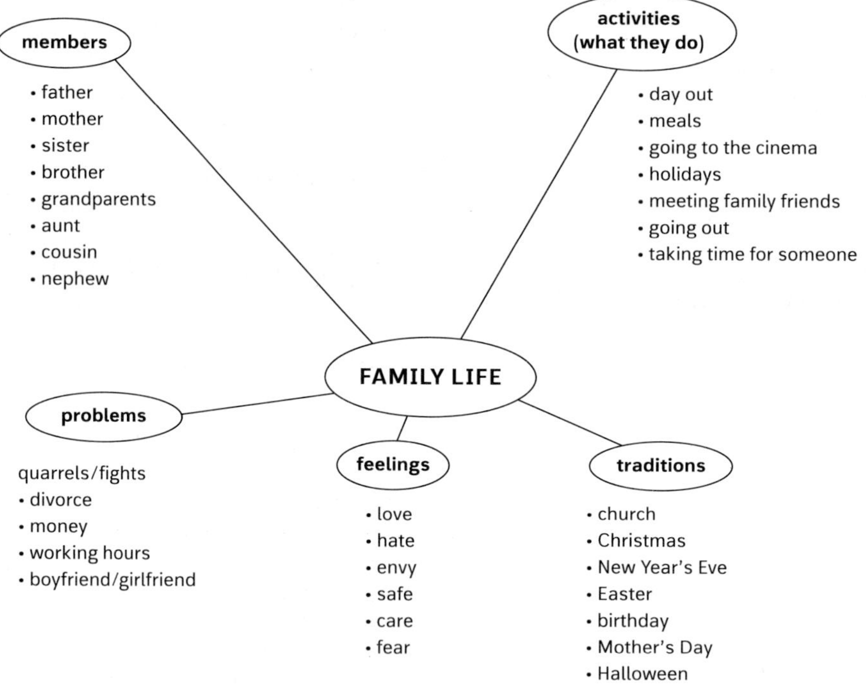

**Seite 28
media**

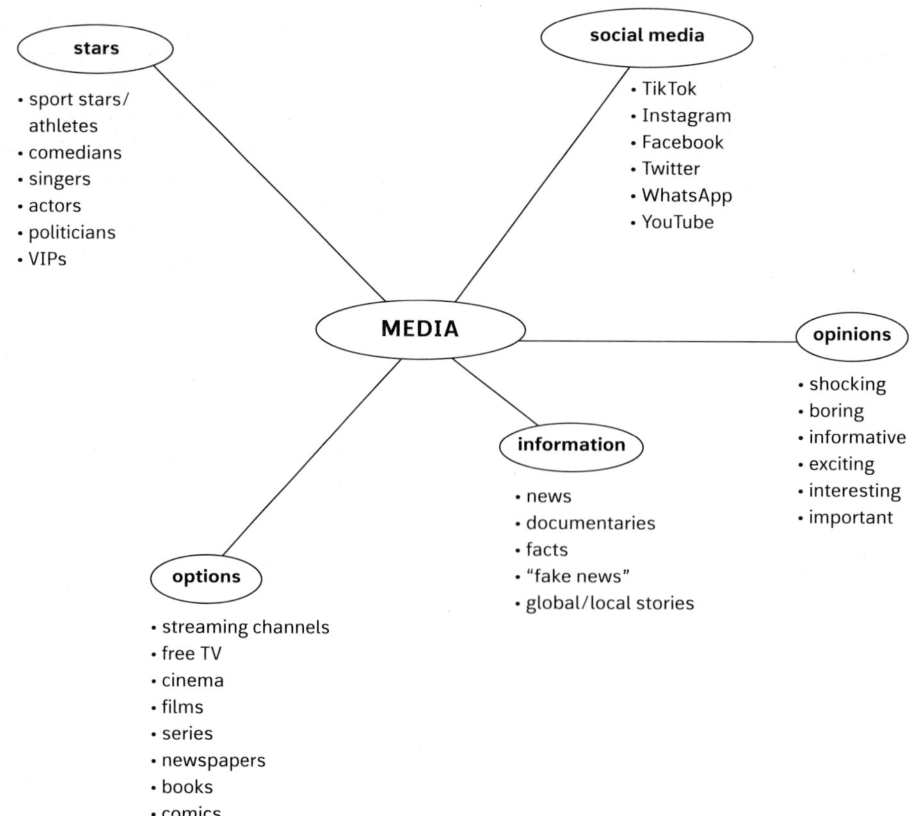

A 4.2 Vorübung: *Making a list*

Seite 29
Holiday accommodation
Lösungsvorschlag:
hotel
B & B
holiday cottage/holiday home
holiday flat/holiday apartment
campsite/tent
caravan
with friends
with relatives

A 4.3 Vorübung: *Finding opposites*

Seite 30
The world of work
1. get up late
2. badly-paid
3. short hours
4. inflexible/fixed
5. boring
6. disadvantage
7. unskilled
8. part-time
9. inexperienced

A 4.4 *Gap filling*

Seite 30
Adjectives and Adverbs

2. fast, high	6. good
3. fastest	7. slowly
4. well	8. badly
5. beautiful	9. better

Seite 31
Prepositions

Social media (1)	Social media (2)
1. in	1. on
2. of	2. from
3. On + with	3. with
4. from	4. about
5. to + in/with	5. to
	6. in

A 4.5 *Matching*

Seite 32
Dating

1. c)	5. j)
2. a)	6. b)
3. g)	7. f)
4. i)	8. h)

Seite 33
Teenagers
Lösungen:
1. E)
2. A)
3. F)
4. B)
5. C)
6. D)

A 5   Schreiben

A 5.4 Beispiel: Bewerbung

Seite 38
Letter of application

Tannenweg 23
42477 Wuppertal
Germany

Mr Gower
Fitzalan High School
Victoria Road
Newcastle
NC2 7PM
UK

17th March, 2024

Dear Mr Gower,

I saw your information about work experience in and around Newcastle on the school notice board. I am interested in a work experience placement in Newcastle. I am 16 years old. I would like to work in a garage because I am interested in cars. I have some experience because I worked in a garage here in Wuppertal in the summer.
I liked the work and I learned a lot. I know a lot about cars and I can work hard. My English is quite good. I would like to come for two weeks.

I look forward to hearing from you.

Yours sincerely,
Mike Feldmann

TRANSKRIPTE

B   Tests

Angeleiteter Test 1 – The World of Sport

Seite 47
Track 5: Do you do sports?
Speaker 1:
I used to do a lot of sport when I was little but as I grew up I wasn't as interested in sports any more. I also don't have much time because of school and I have a job as well.

Speaker 2:
I'm not really sporty but I go to the gym once or twice every week to keep fit and to tone my body.

Speaker 3:
I couldn't imagine my life without sport. I go to training practice four times a week and I often have matches and competitions at weekends. Last year I was district champion at high jump and I came third in the 100 metres.

Speaker 4:
I love watching sports on TV, especially football. Whether it's Formula 1, athletics, swimming or cycling, I watch almost any sports event. Last year I got my own TV because my mum was fed up with me watching sports programmes all the time.

Speaker 5:
To be honest, I hate all that hype about sports. Sometimes you can't even watch decent television because all they show is this championship or that world cup. Football is the worst! I just can't see any fun in it. To me, it's a waste of time.

Seite 48
Track 6: An unusual sport
Reporter: Hello, this is Sarah Richardson from Radio Kent. Today I'm in Ashford and I'm talking to 15-year-old David Goodwin. David is this month's sports personality and we are here to meet him. Hello, David.
David: Hi.
Reporter: How does it feel to be sports personality of the month?
David: Pretty cool, really.
Reporter: Now, can you tell us which sport you do?
David: Actually, I do a lot of sports. I'm in the school's rugby and athletics teams and I also like swimming but my favourite sport is handball.
Reporter: That's a rather unusual sport.
David: It is here in Britain but it's quite big all over Europe and also in some Asian and African countries.
Reporter: How did you get started?
David: Well, it was my dad, really. He has always been enthusiastic about it and he even founded the local handball club. When I was about 10 years old, he just took me along.

Reporter: So, do you play in a league?
David: We do but it isn't very big because there aren't many teams. Another problem is that the clubs are pretty far apart. There are three London teams, one in Oxford, one in Cambridge and one in Southampton.
Reporter: That's a long way to travel.
David: Yeah, but we don't travel all the way just for one match because it's too far and too expensive. So we have three or four tournaments throughout the year where all the teams play one another.
Reporter: How often do you practise?
David: Once a week for two hours.
Reporter: That's not very much.
David: No, it isn't but that's OK. The level of handball here in Britain is not as good as in other European countries.
Reporter: Why is that?
David: I don't know. I guess there aren't enough people playing it and generally, people don't know about it at all. So it can't really develop as a sport. When I'm older, I want to go abroad and play for a foreign club, maybe in Norway or Denmark or in Germany.
Reporter: That's not going to be easy, is it?
David: No, it won't be and I don't think that I will end up in a top team but I don't mind playing for a second division team. The level of competition is so much higher there than it is over here.
Reporter: Well, that certainly sounds very interesting. Do you have any other hobbies?
David: I like music and I play in a band.
Reporter: You are a busy man. What instrument do you play?
David: I play the guitar.
Reporter: When did you start playing the guitar?
David: I think, I was about eight or nine years old. I wasn't really that keen to start with because you have to work hard if you want to be good. Anyway, I'm glad that I kept going because it's a lot of fun.
Reporter: Well, David, thanks for the interview and good luck for the future!

LÖSUNGEN

Seite 47
Aufgabe 1: Do you do sports?
Lösungsvorschlag:
1. school, job, lost interest
2. athletic
3. practice four times / matches / competitions
4. His mum was fed up with [him] (watching sports all the time).
5. you can't watch decent TV / it is no fun / it is a waste of time

Seite 48
Aufgabe 2: An unusual sport
1. 15
2. b) the month
3. father/dad
4. three
5. c) not as good as in other countries
6. b) play for a foreign club

Seite 49
Aufgabe 3: Leseverstehen
Lösungsvorschläge:
1. true – that a great atmosphere is created there.
2) b) because they connect the word to images of red flags and scarves held up high to the song.
3) false – football teams from Blackpool, Sheffield or Birmingham have stands with the same name.
4) It is behind one of the goals, the staunchest fans are there, it has loudest fans chants and the greatest atmosphere.
5) a) the British Empire and Dutch settlers fought for control of the country and its riches.
6) true – that one of the bloodiest battles was in 1900, when the two sides fought on a hill called Spion Kop.
7) c) (the term 'Kop' was used […] to talk about hills – […] many stadiums rise from the ground almost as hills.

Seite 52
Aufgabe 4: Wortschatz
Prepositions
1. for
2. in
3. with
4. about
5. at
6. off
from wird nicht benötigt

Seite 53
Lösungsvorschlag:
1. meet
2. watch
3. game/match
4. players
5. sing
6 sad

Seite 54
Aufgabe 5: Schreiben
Lösungsvorschlag:

Hi Peter,

I'm good and I hope you (and Sue) are too!
Dance lessons are quite popular in Germany, but rugby or netball are not. We have many sports on TV besides football – like basketball, ice-hockey or field hockey. Personally, I love watching most winter sports and I always watch the Olympics – I don't like swimming so much, but you also asked about handball. This is quite big in Germany and my hometown has its own team. When we do sports, we go to local teams and clubs, so we don't do our sports activities in school, apart from PE of course.
Biathlon is big in the winter and the German team is quite good – I like watching it!

Thanks for your message
See you

TRANSKRIPTE

B   **Angeleiteter Test 2 –
School and Free Time**

Seite 63
Track 7: Announcements
1.
The train arriving at platform 4 is the 9:30 service for London, Charing Cross Station. Passengers for Brighton, the Midlands and all stations north of London need to change at Orpington. Please make sure you do not leave any personal belongings at the station.

2.
Take an open-top bus tour round the most famous sights in London. See the Tower of London, the famous Tower Bridge, Buckingham Palace and many other sights. Tickets cost just 11 pounds for adults and 8 pounds for children under 14. Tours leave every half hour from the bus-stop at Trafalgar Square and last around two hours.

3.
There will be an audition for the new school play, *Romeo and Juliet,* in the main hall next Tuesday at 4 o'clock. Anyone interested in taking part in the play should attend, including pupils interested in helping with lighting, costumes and making props for the performance.

4.
Paul Winterton and Scott Riley from form 11CH should come to the head teacher's office at once.

5.
Passengers for British Airways flight number 637 to Majorca should now make their way to Departure Gate 10. We apologise for the delay which was due to poor weather in Spain. The flight is running approximately 45 minutes late.

Seite 64
Track 8: The Hayesbrook School

Speaker 1: Welcome to The Hayesbrook School for boys, Tonbridge. Our school has about 900 students aged 11-18. Girls are admitted to the Sixth Form at the age of 16+. We're very lucky to have a modern school building with excellent facilities for all subjects.

Speaker 2: The school day starts at 8:40 with registration and assembly and finishes at 3 o'clock. We have a five-period day. Each lesson is an hour long. There is a 25 minute break between periods two and three and a lunch break from 1:15 to 2 o'clock. The last lesson is from 2–3 o'clock. On Tuesdays there is an enrichment hour which means that school finishes at 4 o'clock.

Speaker 3: The Hayesbrook School is a successful Specialist Sports School. We have outstanding facilities for PE lessons and many sports clubs and activities. At our school sport is used to motivate and interest students. Some of our students are Sport Leaders and organise sporting events for children from other schools in the area.

Speaker 4: The Hayesbrook School in involved in a large number of international projects and trips abroad. We currently have partner schools in France, Germany, Spain, Thailand, the Gambia and South Africa. We have organised trips to these schools and also welcomed teachers and students here in Tonbridge. Throughout the year, a number of international days are organised which are always great fun for teachers and students. In August 2007, The Hayesbrook School received the International School Award.

Speaker 5: All the students are expected to wear the school uniform. It consists of a white shirt, a dark blue pullover with the Hayesbrook Logo, the school tie, dark grey or black trousers and plain black shoes. In the summer, students should wear a Hayesbrook polo shirt and a Hayesbrook baseball cap. Jeans and leather jackets, hooded sweatshirts, boots or trainers are not allowed. Boys are not allowed to wear rings or personal jewellery. Students may wear one plain gold or silver stud earring. No other form of earring or body piercing is allowed.

LÖSUNGEN

Seite 63
Aufgabe 1: Announcements
1. 4
2. 11
3. next Tuesday, 4 o'clock
4. head teacher's office
5. poor weather

Seite 64
Aufgabe 2: Welcome to the Hayesbrook School
1. boys
2. one hour/60 minutes
3. France, Germany, Spain, Thailand, the Gambia and South Africa
4. jeans, leather jacket, hooded sweatshirts, boots or trainers; no rings or personal jewellery, no body piercing *(falsch:* plain gold or silver stud earring)

Seite 67
Aufgabe 3: Leserverstehen
ProActive Adventure
Headings:
1. Who and where we are
2. Accomodation
3. Activity sessions
4. On-site activities
5. Outdoor activities
6. For extra-wet adventures
7. Contacts

Answers:
1. false because the text says the centre is an outdoor activity centre.
2. true because the text says they are professionally qualified and widely experienced leaders.
3. b) Handicapped people can stay at the centre but only up to a defined number because the text says the centre has handicapped facilities but only for limited numbers.
4. It has room for 72 visitors./They offer many on-site activities at places like the Climbing & Abseiling Tower, the BMX circuit, the High Ropes Course and the archery range.
5. true because the text says that you can enjoy outdoor activities such as hill walking, mountain biking, rock climbing and abseiling and you can explore nearby lakes, rivers and canals.

Seite 69
Aufgabe 4: Wortschatz
School exchange
1. from
2. with
3. to
4. by
5. for
6. about

Seite 70
School exchange – what to do
Lösungsvorschlag:
cinema, visit city, go to a museum, shopping centre, swimming pool, castle, cathedral, sport event, theatre, bonfire

Aufgabe 5: Schreiben
Lösungsvorschlag:

Hello Nick,

Thank you for your letter. I'm very nervous about the exchange. I've never been to England.
I like dogs. We have a dog, too. His name is Teddy. He is very old.
You asked about my school. I go to Heinrich-Heine-School. It's a big comprehensive school. There are over 1000 pupils. School starts at 7:45 and finishes at 15:30. On Mondays and Fridays we finish earlier. Our lessons are 45 minutes long.
I'm good at Technology, P.E. and English. My favourite subject is P.E. because it's fun. The teacher is really cool.
In my free time I play football, watch TV or play on the computer. What do you do in your free time?
You asked about food. I like pizza, burgers and chips. I don't like fish.

Well, that's all for today.

Yours,
Carsten

TRANSKRIPTE

B   Test 3 – The Media

Seite 79
Track 9: Welcome to the AMC Theater
1.
Welcome to the AMC Theater near you. Here is the schedule for the next hour: "Aliens in the Attic" starts at 8 o'clock in Cinema 2. "Julie and Julia" is shown at the same time in Cinema 4. In Cinema 5 we will be showing "The Soloist" at 8:30.

2.
Why not take a snack in with you and make yourself feel at home? At the food bar, we have a wide variety of snacks and drinks and our friendly staff is more than happy to serve you. A bag of popcorn costs $5.75 for a regular size and $6.75 for a large bag. Hot-dogs are available at $5 and soda at $3.50 for a regular size and $4.50 for a large drink.

3.
Please remember that "The Firm", which is on in Cinema 7 at 8:45, has an R-rating. You will not be permitted into the cinema if you cannot prove your age.

4.
For friends of the world down under we recommend the special viewing of the famous 2008 epic "Australia" with Hugh Jackman and Nicole Kidman in the lead roles. Please remember that the film is shown in two parts as it is 166 minutes long.

5.
On Sunday, there is a special price for all children and teenagers for the 3 o'clock performance. Tickets go at only $4. That's right, $4 for any 3 o'clock film! Don't miss it!

Track 10: Cyber-bullying: One teenager's experience
Sanjit: It was terrible. I remember when it started. By the end of the week I had no friends. No one in my class would talk to me, and I didn't know how to help myself.
Reporter: Someone – probably from Sanjit's class – had created a social network account in his name and faked all sorts of photos – even nude photos with his face photoshopped onto them – that made him look like some kind of weird exhibitionist.
Sanjit: That's how it all started. I felt like I was being hated by everyone. I didn't want to talk to anyone about it. I didn't know how to. I just wanted it to go away.
Reporter: Sanjit's whole life became disturbed.
Sanjit: I started hating myself. I just wanted to die. I'd had a nice life before, at home with my younger sister and little brother. My Dad worked at the airport, and all our neighbours knew us. I played football with the other kids, and I was in the junior cricket team. But even that got worse a month later when a kid from my class joined the team.

Reporter: And then their cricket coach saw that Sanjit's performance had simply collapsed. He'd been coming on well as a batsman, and the coach realized there must be something wrong in the boy's life.
Sanjit: So our coach asked me what was bothering me, and I just got mad and told him everything.
Reporter: And then the outside things changed very quickly. The coach knew a lot of the teachers at Sanjit's school, and the social media site was immediately stopped. The school had specially trained teachers for cyber-bullying. They knew, however, that the real problem was inside the kids' heads and feelings.
Sanjit: One of the teachers talked to me about how to face up to that sort of thing. But I still couldn't get right away from it. People remembered, and so did I. And I didn't want to feel I was being protected.
Reporter: Cyber-bullying has become a common experience for teenagers. At Sanjit's school not only teachers but also students are trained to become "cyber-mentors", to help people who are being bullied in the social networks.
Sanjit: It took quite a long time, but gradually most things got back to normal. Some kids still didn't seem to like me, and I had my suspicions. But I was one of the best in the class and in the end I just left it – and them – behind.

LÖSUNGEN

Seite 79
Aufgabe 1: Welcome to the AMC Theater
1. 8 o'clock
2. $6.75
3. "The Firm"
4. 166 minutes
5. Sunday

Aufgabe 2: Cyber-bullying
Lösungsvorschlag:
1. a) He was cyber-bullied but he got over it.
2. b) Someone at his school set up a social media account in his name and created fake images of his face on various other naked images.
3. Sanjit's whole class took part in bullying him.
4. Sanjit hated himself and wanted to die.
5. Even in his cricket team it got worse when someone from his class joinded the team.
6. c) He told his cricket coach and the school had the social media site removed.
7. Everyone had seen the pictures and remembered them.
8. Many teeangers today have experienced cyber-bullying.
9. They help others who are bullied online.

Seite 81
Aufgabe 3: Leseverstehen
Teens in Great Britain and their phones
Lösungsvorschlag:
1. false, because the text says that they are getting younger (1/3 is 6 or younger)
2. extreme use, cyber-bullying, money games
3. c) The text says cyber-bullying is more likely to occur if a teenager spends a lot of time online.
4. false, because the text says that grown-ups react less to stress and feel more secure.
5. true, because the text says they seem not to know how to handle these media.
6. c) Parents should teach them about the dangers of the internet and social media and how to react to them.
7. *Lösungsvorschlag:*
Life is more than just about likes and followers and phone use can be addictive.
Oder: Immense phone use can lead to bullying, losing money and self-esteem problems.

Seite 83
Aufgabe 4: Wortschatz
Statistics
1. everyone
2. two thirds
3. about a quarter
4. a big majority
5. less than half
6. just over half
7. a very small minority

Seite 84
Things to do
Lösungsvorschlag:
1. buy
2. likes/loves/enjoys
3. plays/works
4. plays
5. watches
6. reads
7. goes

Seite 85
Aufgabe 6: Schreiben
Lösungsvorschlag:

To:	Rachel.Tacker@BTF.nz

Dear Ms Tacker,

My name is Alex and I live in Cologne, Germany. I was born on 5th March, 2007, and am 16 years old. I am writing to you in order to apply for a position as a volunteer at the Bouncing Rhythm Festival in Wanaka. I am about to graduate from the Erich Fried Comprehensive School and will do a gap year before starting my apprenticeship next year. My English skills are good, as I watch movies and series in English. I also like to travel and follow YouTube stars from the UK and the USA, which both help my English.

In my free time I like to play football and handball, watch series and meet with friends. Especially the practice sessions of my two sports teams show me how important it is to be a team player, and I like spending time with my teammates.

To work at the festival in Wanaka, I am very interested in helping at the campsites and supervising visitors with any problems or questions they have. I could also think of helping with customer service or even managing other staff.

I am interested in your Festival for many reasons. I have never been to New Zealand before but I am going to visit Australia this autumn. I like music and live acts and would like to help with that and, if possible, see some of the DJs myself. Many of my friends have big holiday plans for the summer or will start with their apprenticeship right away, but I want to experience something new and work on my English because I think it could be useful for my job later on.

I have experience as a coach for younger players in my sport teams and I also helped with our club's sports events. Planning the events, working out time schedules and refereeing were only part of my job there. I don't have much experience with music festivals, but I would like to see what it is like.

I think I could be a good help for your Festival.

I look forward to hearing from you soon.

Yours sincerely,

Alex Winterhage

TRANSKRIPTE

B   Test 4 – The World of Work

Seite 92
Track 11: Radio adverts
1.
There is a vacancy for an electrician with a local building company. Hours are flexible but you need to be able to work nights and some weekends. The salary is £30 per hour with a guaranteed minimum of £600 per week.

2.
Clark's shoe shop in Foster Street, Liverpool is looking for staff. The shop is open every day from 9 a.m. – 5 p.m. and applicants would have to be available to work on Saturday mornings.

3.
There is a vacancy for a trainee plumber at our branch in Swindon. The successful applicant should have completed secondary school with good results in Maths, Science and Technology. The training course will last two and a half years. There is a possibility of a permanent job at the end of the training.

4.
We are looking for an assistant for our animal shelter in Canterbury. Formal qualifications are less important than an interest in and a love of animals. Many of our animals have been badly treated and need patience and understanding.

5.
Thomas Cook's main office in Manchester is looking for a new employee. The job involves dealing with questions from the public about special offers and occasionally speaking to our Frankfurt office, so an ability to speak German would be an advantage.

Seite 93
Track 12: Where do they work?
1.
Customer: Excuse me, do you have these in size 16?
Shop assistant: We do, but only in black, I'm afraid.
Customer: No, I don't really like black.
Shop assistant: What about these shirts? They are very fashionable and I think they would suit you very well.
Customer: I'm not sure.
Shop assistant: Would you like to try one on? The changing cubicles are over there.

2.
Waitress: Would you like to sit indoors or out in the beer garden?
Customer: We'd rather sit outside.
Waitress: Here you are.
Customer: Thank you.
Waitress: What would you like to drink?
Customer: We'll have a pint of beer and a glass of red wine, please.

3.
Travel Agent: Where would you like to go?
Customer: Somewhere warm, perhaps Spain or Italy.
Travel Agent: For how many people?
Customer: Two adults and two children.
Travel Agent: Would you like to stay in a hotel or in a holiday apartment?
Customer: We'd prefer a hotel. It needs to be child-friendly.
Travel Agent: Half board or all inclusive?
Customer: All inclusive, if possible.
Travel Agent: How much are you prepared to spend?

4.
Mechanic: Tucker & Son, John Mitchell speaking.
Customer: Hello, Mr Mitchell, Susan McLaren here. My car is due for a service. Could you fit it in some time next week?
Mechanic: Let me see, … Tuesday or Wednesday morning.
Customer: Wednesday would be lovely.
Mechanic: Is 8:30 OK?
Customer: That'll be fine. Could you check the tyres, please? I think I'll need new ones.
Mechanic: No problem. That was a Renault Megane, wasn't it?
Customer: That's right. Oh, and the headlight on the driver's side isn't working.
Mechanic: We'll fix it.

5.
Nurse: Good morning. How are you feeling today?
Patient: A little better, I think.
Nurse: That's good to hear. The doctor will want to see you quite early this morning. So it would help if you could have breakfast straight away.
Patient: OK.
Nurse: I'd need to take your blood pressure and the temperature first. And here are your tablets.
Patient: Right, thank you.

LÖSUNGEN

Seite 92
Aufgabe 1: Radio adverts
1. electrician
2. £30
3. shoe shop staff
4. 9 a.m. – 5 p.m. every day and Saturday mornings
5. in Swindon
6. two and a half years
7. an assistant in an animal shelter
8. an interest in and a love of animals
9. in Manchester
10. an ability to speak German

Seite 93
Aufgabe 2: Where do they work?

Conversation 1	clothes shop
Conversation 2	restaurant/pub
Conversation 3	travel agency
Conversation 4	garage
Conversation 5	hospital

Seite 94
Aufgabe 3: Leseverstehen – Work experience
A Difficult Start
1. He woke up too late / had no breakfast / it was raining / two roads were blocked / he missed the bus in Newport
2. false, because the text says: Julie was really nice and from then on the day turned around for him.
3. c) is correct, because the text says that there was a change and the bus left at Stand 1.
4. positive, because the text says that it was really interesting what he had to say.
5. easy, because the text says that Richard gave him a lift.
6. tired; b) go to bed immediately.

Seite 96
Aufgabe 4: Wortschatz
A careers adviser's report
1. likes
2. thinks
3. good
4. prefers
5. isn't interested
6. doesn't mind

Personality traits
Lösungsvorschlag:
friendly, helpful, reliable, flexible, interested, polite, punctual, sociable, caring, patient, responsible, hard-working, open-minded

Seite 98
Aufgabe 5: Schreiben
Lösungsvorschlag:

Hi Jo,

Thank you for your letter. You wanted to know about my work experience.
I did my work experience last year. I worked in a kindergarten for three weeks. It was great! I really liked it there. Everyone was very nice to me and I learned a lot. I played with the children and I read them stories.
I like spending time with young people and I am interested in helping them to learn. I don't like jobs where I just sit behind a desk. Of course, I want to earn good money but in my opinion it's important that you like your job.
I would like to work in a kindergarten or a primary school, because I'm really good with children and I like working with them. I'm helpful and reliable.

What are your next steps?
I have to go now. Write back soon!
Yours,
Sabrina

TRANSKRIPTE

B   Test 5 – One Country, Different Cultures

Seite 104
Track 13: Different people

Speaker 1: Is Fort Wayne a multicultural place?
Victoria: I don't know. There are a lot of Hispanics there and some Asian people, too.
Speaker 1: And what about your school?
Victoria: Well, there are some students from different ethnic groups, mainly from Asia but there aren't very many of them. The vast majority of students at my school are White Americans.
Speaker 1: How come?
Victoria: I guess it's because we are a Christian School. Religion is very important at my school.
Speaker 1: So, are all of your friends White Americans?
Victoria: Yes, they are. I don't really have much contact with people from different cultural backgrounds. There aren't really any in my neighbourhood.
Speaker 1: This seems very unusual. We all think of America as a multicultural country.
Victoria: Well, it is! We are a nation of immigrants! My family originally came from France.
Speaker 1: Is it true that there are Amish people near where you live?
Victoria: Yes, there is quite a big Amish community.
Speaker 1: What do you know about them?
Victoria: Well, they are very simple, humble people. They don't use any electricity and they don't drive cars. They grow most of the food they use by themselves. Also, they don't buy any clothes. They make their own clothes.
Speaker 1: Really? That's incredible!
Victoria: Isn't it? They are very good craftsmen. They even make their own furniture.
Speaker 1: How do they get on at school?
Victoria: They don't go to a normal school. They have their own schools. And they don't go to school for long. They leave school much earlier than we do.
Speaker 1: Why is that?
Victoria: To them, education is not as important as work and religion. They are very religious and hard-working people. They can all make things.
Speaker 1: Do you have a lot of contact with them?
Victoria: No, but we see them around. They keep to themselves. When the German exchange came over last year, we visited an Amish family with the German students. They gave us a meal and after the meal they invited us into their house.
Speaker 1: Wow, that must have been an interesting experience!
Victoria: It was. Their house, their whole life is very different from ours.
Speaker 1: Would you like to live in an Amish community?
Victoria: No, I couldn't. I would be absolutely useless. I can't make anything by myself. Also, their life is much harder than ours because they still live in a very traditional way.

Speaker 1: Don't you like traditions?
Victoria: Yes, I do but those aren't my traditions. But I like the fact that they value their traditions. Most Americans just want to move on with the times and they forget their traditions but the Amish people wouldn't do this.

Seite 106
Track 14: Hip hop
1.
Hip hop is a type of music which started in the 1970s in Black communities in big cities of the United States. Hip hop uses a style of singing called rapping. Rapping is a style of singing in which a singer says words with a rhythm and rhymes. Hip hop songs are often about the life of African-American people in the big cities. Some hip hop song lyrics are about gangs, violence, and drugs. Hip hop music also uses musical styles from pop music such as disco and reggae.

2.
Hip hop as a culture involves hip hop music, baggy clothes with Timberland leather work boots, break-dancing and a type of street art which is called graffiti. In the 2000s, hip hop music and hip hop culture are very popular all over the world. Many of the popular hip hop musicians use nicknames such as Snoop Dogg, Jay-Z, and 50-Cent. One of the best known German rappers is Bushido.

3.
Hip hop is the way we talk, the way we act, our fashion, our lifestyle, and our people. It's the culture of the streets. Hip hop is NOT a music genre. Rap is something you do, hip hop is something you live. Rap is just a part of hip hop.

4.
To me hip hop is dying, or possibly is already dead … What you hear on MTV or radio is not real hip hop because the songs don't mean anything. You don't see much graffiti art in their videos. These rappers are destroying the meaning of hip hop.

5.
It's just not my kind of music or even culture. To me, hip hop culture is pretty violent. There are a lot of gang fights and there is the drugs problem, too. Many people like hip hop because they think it's cool and they want to be cool themselves.

LÖSUNGEN

Seite 104
Aufgabe 1: Different people
1. c) Hispanics
2. c) only a few
3. a) a church school
4. France
5. electricity, cars
6. food, clothes, furniture
7. a) their religion and work
8. b) because she visited an Amish family once
9. c) she couldn't live like them
10. good (andere positive Antworten möglich)

Seite 106
Aufgabe 2: Hip hop
1. true
2. false
3. true
4. true
5. false

Seite 107
Aufgabe 3: Leseverstehen
1. b) His flight takes so long.
2. true: But my mother convinced me to join them.
3. Last family trip / good for his English skills / that season is beautiful
4. false: it was only around 17 degrees
5. c) Cook Strait
6. Thomas liked the studios because you can do workshops and see original material
7. false: Never in my life have I been in a museum like this: it is so interesting.

Seite 109
Aufgabe 4: Wortschatz
Which word is right?
1. multicultural
2. life
3. immigrants
4. refugees
5. respect
6. minorities
7. Easter break on the other side of the world

Between two cultures
Lösungsvorschlag:
1. born,
   come/came/are/were
2. home
3. strict
4. like/love
5. glad/happy/proud

Seite 110
Aufgabe 6: Schreiben
Lösungsvorschlag:

Hi Noah,

My name is Arthur and I am in year 10 at the Else-Lasker Comprehensive School in Germany. I read your e-mail and I hope my answers will help you with your project.

Our school has a good mix of people of German and non-German origin. In my class we are 27 students and around 12 have parents who were not born in Germany. Most of them, I think, speak a mixture of German and their parents' language at home. In my class, that would be either Turkish, Arabic or Polish, as most of the families come from Turkey, Poland or Syria. I think it can be hard to grow up speaking two languages, because maybe you feel you do not know where you belong. But it can also be good because you learn about two cultures easily. It's funny that you ask about changes in my use of German, because it definitely influences it. Sometimes we use Arabic and Turkish words when we are upset or when we are in a fight. It's important to know some of those words, otherwise when the others say them in class you simply don't know what's going on. But other than that, I don't know too much about my classmates' culture.

My school has different ways of helping non-native speakers. Depending on your level of German, you become part of the "International class" in order to simply learn German. Every day they have 2 lessons in German and then just a bit of English, Maths or Science. When your German is better, you become part of a "normal" class and the teachers help you at first by giving you easier tasks. It's also possible to get extra lessons to repeat the week's lessons. In the end most people get up to the level of native-speakers. Two of my friends were born in Turkey but grew up in Germany, and you can't see any difference between their German and mine.

I hope this helps you with your questions.

Take care

Arthur

Test 6 – Zentrale Prüfung 2022

TRANSKRIPTE

Seite 116
Aufgabe 1: Hörverstehen Teil 1

Track 15: At Powerscourt Shopping Centre
Announcement 1
Welcome to the Powerscourt Shopping Centre in the heart of Dublin, with over forty shops and restaurants to choose from. We'd like to inform you of a special event taking place today: A tour of the Centre. Did you know that the Powerscourt Shopping Centre has a rich history? The building you're standing in now was built in 1774 as a home for Richard Powerscourt and his wife, Lady Amelia. On the tour, you will be guided through the beautiful rooms, and with a little imagination, you will be able to experience life as it was in the eighteenth century. Today our tour starts at the South William Street entrance at 3:00 p.m. People who have been on the tour are invited to have a free cup of tea at Farrier & Draper afterwards. The tour is free, but there is a limit to the number of people who can come along, so please register at the Information Desk as soon as possible.

Announcement 2
May we have your attention, please? We're looking for a "lost parent". A small boy has been found in a changing room at KID fashion for children on the top floor. He is looking for his mother. We would like to ask the boy's mother to come directly to KID fashion on the top floor, please. The boy and his big brown teddy bear are enjoying a snack of milk and cookies while he's waiting. Thank you for your attention.

Announcement 3
We are sorry to tell you that the glass lift in the main courtyard is out of order this week. Our mechanics will fix it in the next few days. Until then, please use the stairs which can be found opposite the lift. You may also use the second lift which you'll find near the entrance on Coppinger Row. If you are handicapped or need further assistance, please talk to our staff at the Information Desk. They will be pleased to help you with anything you might need.

Announcement 4
Ladies and gentlemen, one last piece of information: Don't leave your bags unattended! You can use our free lockers on each floor. You'll find them next to the toilets. Also be aware of pickpockets and keep your wallets and mobiles close to your body.

Seite 118
Aufgabe 2: Hörverstehen Teil 2

Track 16: At the police station
Policewoman: Good morning. How may I help you?
Man: Good morning, Miss. Sorry … but … oh my gosh … somebody just stole my backpack.
Policewoman: Okay. Tell me what happened.
Man: I was on the train into town. I had put my backpack on the floor next to me and was checking my mobile. At some point I put my phone in my pocket and took my water bottle out of my bag, had a drink, and put it back in the bag. I was watching the houses and buildings pass by. When I stood up to get off the train, my backpack was gone. Someone must have taken it!
Policewoman: I see. What does your bag look like?
Man: Uh … it's dark blue, with black shoulder straps. It's medium sized and has two pockets with zips and … uh … two side pockets for drinks. I'm … I'm not sure what brand it is. I've had it for a few years and used it quite a lot, so it has a few holes in it, too.
Policewoman: Are there any expensive items in it?
Man: Yeah, I had some expensive things in there, especially my iPad. And my headphones. The bag itself isn't worth very much. But I loved that bag! I took it with me wherever I went.
Policewoman: Oh dear. I'm afraid you probably won't get your backpack, iPad or headphones back. But if you're lucky, we'll find the other things. So, what else was inside the bag then?
Man: Why is that important?
Policewoman: Well, sometimes thieves empty the stolen bags out onto a side street, take some things, and leave the rest lying around. We might be able to find some of your things, with or without the bag.
Man: Right, of course. I hadn't thought of that. Umm … I had one exercise book for my studies in there. And my bottle of water and a sandwich for lunch.
Policewoman: Was your name or your home address anywhere in or on the bag? If the thief finds your first and last name or your address in the bag together with your house keys, they may be able to find your house and might steal things there, too.
Man: My address wasn't there, I know that. Umm … oh shoot, my house keys were in there, I'm afraid! But my name? Hmm … yes, my name was in the bag, and on my exercise book. But only my first name.
Policewoman: Oh … well, that's good for you.
Man: Phew! My mother always told me to put my name on things when I was a child. I guess I'm glad I never really learned that lesson!

LÖSUNGEN

Erster Prüfungsteil:
Hörverstehen

Seite 116
Aufgabe 1: Hörverstehen Teil 1

Aufgabe	Lösungen	Punkte	OK?
1	b	1	
2	c	1	
3	c	1	
4	b	1	
5	c	1	
6	a	1	
7	c	1	
Gesamtpunktzahl		7	

Seite 118
Aufgabe 2: Hörverstehen Teil 2

Aufgabe	Lösungen	Punkte	OK?
1	a	1	
2	c	1	
3	c	1	
4	a	1	
5	b	1	
6	b	1	
Gesamtpunktzahl		6	

Punkte Hörverstehen Teil 1 und Teil 2 gesamt: 13

Seite 119
Zweiter Prüfungsteil:
Leseverstehen – Wortschatz – Schreiben

Leseverstehen

Aufgabe	Lösungen	Punkte	OK?
1	false "Celebrations take place in many countries, …"	2	
2	b "But at the age of sixteen he was kidnapped by a gang of thieves. They took him to Ireland …"	2	
3	a "People say that lots of Irish became Catholic because of St Patrick." / "He was also the one who built Catholic churches for them all across Ireland."	2	
4	false "But in fact, Irish pubs were not allowed to open on St Patrick's Day until the 1970s."	2	
5	b "… they used over 100 kg of food colouring." / "The problem then was that the river stayed green for over a week."	2	
6	false "People then believed green brings bad luck."	2	
7	b "The tradition of a St Patrick's Day parade started in Boston in 1732."	2	
8	true "But only in Ireland is it a public holiday." / "The Irish people living in the US would love to have a public holiday there."	2	
Gesamtpunktzahl		16	

Seite 122
Wortschatz Auswahl 1
Teil 1

Aufgabe	Lösungen	Punkte	OK?
1	kind	1	
2	beliefs	1	
3	trust	1	
4	fight	1	
5	long	1	
6	conflicts	1	
Punkte		**6**	

Seite 123
Teil 2
Lösungsvorschläge:

Aufgabe	Lösungen	Punkte	OK?
1	good / best / special / close / …	2	
2	find / meet / make / …	2	
3	places / events / parties / happenings / …	2	
4	friendly / nice / open / polite / brave / easy-going / …	2	
5	look(s) / clothes / style / …	2	
6	start / begin / develop / …	2	
Punkte		**12**	

Punkte Wortschatz Teil 1 und Teil 2 gesamt: 18

Seite 124
Schreiben Auswahl 1
Lösungsvorschlag:
The Day of Friendship reminds us how important good friends are. But there can also be dangers to good friendships.
People always look for characteristics like being honest and nice, but being able to have a laugh with a good friend and to simply be oneself is also important. It is also nice to share some hobbies, like playing football and/or enjoying the same music. Events, parties or even school are perfect for meeting people your age with the same interests. Sometimes this can be a starting point for more activities, like going to the cinema or going for a hike.
But those activities can also become problematic, like if a friend is never on time or is always on his phone. It's important to listen to each other and to show respect for the other person and their time. In the end it's up to you and your actions to find good friends – if you are friendly and interested in other people, your chances aren't that bad.

Seite 125
Wortschatz Auswahl 2
Teil 1

Aufgabe	Lösungen	Punkte	OK?
1	community	1	
2	responsible	1	
3	lonely	1	
4	ignore	1	
5	offer	1	
6	joy	1	
Gesamtpunktzahl		6	

Seite 126
Teil 2

Aufgabe	Lösungen	Punkte	OK?
1	groups / (social) projects / organisations / charities / campaigns / …	2	
2	will / motivation / energy / strength / power / …	2	
3	important / positive / big / huge / great / …	2	
4	find / motivate / thank / …	2	
5	show / post / share / present / …	2	
6	waiting / old / blind / weak / disabled / trying / …	2	
Gesamtpunktzahl		12	

Punkte Wortschatz Teil 1 und Teil 2 gesamt: 18

Seite 127
Aufgabe 5: Schreiben Auswahl 2
Lösungsvorschlag:

Hey Alisha,

Thanks for your last e-mail. I'm fine. How is life in Liverpool?
Coming to our project, I think there are many things we can do to help our neighbours, like walking their dog or helping in the garden or with their shopping. We can also watch a neighbours' kid for a bit. It really doesn't matter what you do – I'm sure we will always get a smile back. Sometimes schools, the church or clubs organise events here.
In Germany we have the "Tafel" – a word for "table" – which gives out food to poor people, so I could also be active there. Besides the smiles you get back, you learn a lot about people, you hear their life stories and you understand how difficult it is when you are poor. I think it makes you a better person, you learn a lot about yourself and you never know who you might meet again in life. Because you can have so many different tasks, you actually find out what you'd like to do later in life.
Let me know how you feel about my ideas and tell me about your thoughts.

Write soon

Natalie

Schreiben Auswahl 2

Helping hands

Together with your partner school in Liverpool you are doing a project on the topic "Acting locally: Help your neighbours". Tell your English e-mail partner Alisha about your ideas.

AUFGABEN

- Write **an e-mail** to Alisha.
- Write about all the aspects given below.
- Write about 120 words.

From:	
To:	Alisha.Adams@easymail.uk
Subject:	My ideas for helping in my neighbourhood

1 **Describe**
- activities you can do to support other people,
- where and when these activities can take place.

(4 Punkte)

2 **Explain** why helping other people can be good for
- your future life,
- your own character.

(6 Punkte)

Quellenverzeichnis

Textquellen

65/66 "ProActive Adventure": www.proactive-adventure.com

Hörquellen

17 "Station announcement": http://www.english-the-international-language.com/listening/train.html

Bildquellen

23 iStockphoto.com/Moser, Uwe
49 iStockphoto.com/coward_lion
85 stock.adobe.com/Joshua
107 iStockphoto.com/BR4DY
116 iStockphoto.com/WHPics
118 Oda Ruthe

Illustration: Hans-Jürgen Feldhaus, Münster